『リトル・ダンサー』からはじめる

映画でめぐるイングランド北部

鶴見大学比較文化研究所

菅野　素子 Motoko Sugano

目次

序論：イングランド北部とは

はじめに

イングランド北部と聞いて、皆さんはどのようなイメージを抱くだろうか。学生に教室で聞くと、リヴァプール（都市）やマンチェスター・ユナイテッドといった答が返ってくる。やはり、ビートルズとプレミア・リーグの影響力は絶大だ。本書は、もう少しイングランド北部に馴染んでもらえればと思い企画した。なぜ？イングランド北部には、上記の2つにとどまらない魅力があるからだ。

とはいえ、この本を手にとってくださった方の中には、知らない間にイングランド北部を「スクリーン上で」目にしていた、という方もおられるかもしれない。例えば、日本映画『Shall we ダンス?』の冒頭場面の撮影はブラックプール（Blackpool）のウィンター・ガーデンズにあるエンプレス・ボールルームで行われた。ブラックプールは北西部の海岸行楽地で、このホールは、コンサートや労働党の党大会にも使われる場所だ。『ハリー・ポッターと賢者の石』（*Harry Potter and the Philosopher's Stone*, 2001年）等に登場するホグズミード駅はノース・ヨークシャー・ムーアズ鉄道（蒸気機関車を運転する保存鉄道）で撮影されたし、北東部のダラム大聖堂（Durham Cathedral）では、ホグワーツの場面のロケが行われた。歴史に興味がある方なら、シェカール・カプール監督の『エリザベス』（*Elizabeth*, 1989年）でニューカッスル・アポン・タイン（Newcastle-upon-Tyne）に近いアニック城（Alnwick Castle）やスコットランドとの境にあるバンバラ城（Bamburgh Castle）を目にしたかもしれない。

行ったことのない場所を想像するのは難しい。そこで、本書は起点となる映

画を一作に絞った。『リトル・ダンサー』（*Billy Elliot*, 2000年, スティーヴン・ダルドリー監督）である。人物や物語の親しみやすさという点でも、作品をDVDもしくは動画サイトで視聴できる可能性でも『リトル・ダンサー』は足がかりとして最適だ。さらに、一つの映画を起点として他の映画と比較することで、似たテーマや問題に関心を広げてゆけるだろう。

1. イングランドの北部とは

1.1 想像の境界線

　イングランドを北と南に分ける考え方はアングロ・サクソンの時代から現在に至るまで存在している。ただそれは、地図上に1本の境界線として引かれたことはない。つまり、「［イメージとして心の中に］想像された」（アンダーソン 24）境界線である。加えて、これまでにいくつかの境界線が想像されてきた。

　そのような境界線のひとつとして「セヴァーン・ウォッシュ線」（Severn-Wash Line）がある【図1】。これはイングランド南西部セヴァーン川（The Severn）の河口から北東部海岸のウォッシュ（The Wash）

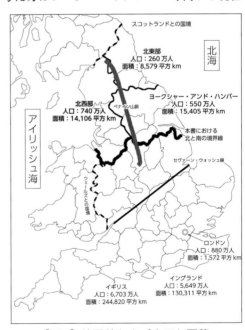

【図1】境界線および人口と面積
（Census 2021をもとに作成）

を結ぶものだ。この線には2点を直線で結ぶものもジグザグ上に結ぶものもあるようだが、この線によるとバーミンガムをはじめとしたミッドランド地方の北部は「イングランド北部」となり、かなり広い範囲が含められることになる。

　もう少し限定的な境界線は、ミッドランドと接する2つの地域（regions）すなわちヨークシャー・アンド・ザ・ハンバー（Yorkshire and the Humber）およびイングランド北西部（North West）との境に線を引き、イングランド北東部（North East）を加えた3つの地域を北部とみなす、というものである。このような地域区分は1974年にイギリス政府が行政区域を変更してからのもので、それ以前の歴史的な区分を反映していない欠点がある。だが、本書では、主に1980年代以降の映画を取り上げるため、この境界線以北をイングランド北部とみなすこととする。

1.2 イングランド北部の面積と人口

　次に、3つの地域の場所と人口分布について見てみよう【図1】。

　イングランド北部の面積は約3万8千平方キロメートル、イングランド全体の29パーセント、イギリス全体の16パーセント程度を占める。人口は1,550万人で、イングランド全体の28パーセント、イギリス全体の23パーセント程度である。

1.3 北部の地理的特徴

　次に、イングランド北部の地理的な特徴をいくつかあげる。まずは、北部を東と西に分けるペナイン山脈（もしくはペニン山脈the Pennines）がある。湾曲した形状と語呂合わせから「イングランドの背骨」と呼ばれることもある（英語の背骨にあたる単語"spine"はスパインと発音し、ペナインと韻を踏んでいる）。日本語で山脈と言うと高い山がそびえるイメージがあるが、最も高い山

であるクロス・フェル（Cross Fell）でも863メートルであるため、丘の連なりといった方が想像しやすいかもしれない。【注1】

ペナイン山脈は石灰岩が造形した珍しい地形に恵まれているが、最も重要な役割としては、ここがイングランド北部を流れる川の水源になって

ヒース（紫色の野草）の群生するムーア。ハワース近郊　筆者撮影

いるという点だろう。これは、偏西風が運んでくる暖かい空気がペナイン山脈に当たって雨を降らせ、水を蓄えるためだ。代表的な河川として、マージー川（River Mersey）は北西部を流れてアイリッシュ海（Irish Sea）に、ウィアー川（River Wear）やタイン川（River Tyne）は北東部を流れて北海に注ぐ。珪質砂岩のやせた土地に覆われているため、小規模な牧羊業などを営む農家が点在しているほかは、ムーア（moor）と呼ばれるヒース（heath）に覆われた原野が広がる。

1.4 北部の歴史的背景

イングランド北部は他の地域に先駆けてキリスト教の布教が進んだ地域である（宮北・平林 58-67）。この地域に伝えられたのはアイルランドからスコットランドを経由して伝えられたケルト系のキリスト教であった。紀元後635年、スコットランド西部のアイオナ島の修道院から聖エイダンと英語の話せる12名の見習い僧がノーサンバランド州のホーリーアイランド諸島（Holy Islands）

にあるリンデスファーン島（Lindisfarne）に到着する。彼らは、アングロ・サクソン族の異教に苦しめられていたノーサンブリア王国のオズワルド国王の要請で派遣された。派遣団はリンデスファーン島に修道院を建て、ここを布教および学びの中心とした。だが、8世紀になるとヴァイキングの襲撃に苦しめられるようになり、9世紀になると修道僧たちは島を去って対岸のダラムに落ち着いた。その後、修道院は再建されるのだが、1536年にヘンリー8世により閉鎖された。修道院が閉鎖されて宗教的な求心力を失っていく一方で、スコットランドとイングランドの国境警備において、リンデスファーン島の役割が強化された。

　このように、肥沃とはいえない土壌と厳しい自然および首都ロンドンからの距離もあって長い間、イングランド北部はスコットランド防衛上の重要性が大きかった。しかし、18世紀半ばからの産業革命がこの地域を一変させる。この地に次々と工場が建設され都市化が進んで、現在の主要都市が形成されていっ

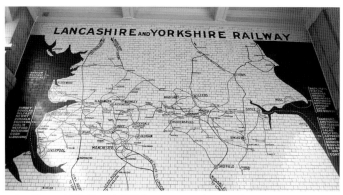

イングランド北部の鉄道網（マンチェスターのヴィクトリア駅にて）
筆者撮影

た。ニューカッスルは石炭採掘、ハル（Hull）は造船、ヨークシャーは毛織物、ランカシャーは綿織物を中心とした都市が形成され、リヴァプール（Liverpool）は貿易港として発展していった。例えば、1780年代のマンチェスターは小さな市場町だったが、その後の60年間で人口は6倍となり、同時期のリーズ（Leeds）では、100あまりの紡績工場に約1万人が雇用されていた（Briggs 88-89, 140）。

　世界に先駆けて工業都市となった北部の諸都市は様々な社会問題を抱えることになった。工場労働者の賃金は安く、都市にスラムを形成し、衛生状態も栄養状態も悪かった。そうした様子は小説の題材ともなった。19世紀半ばに書かれた「イングランドの状況小説」のひとつであるエリザベス・ギャスケル（Elizabeth Gaskell, 1810-1865）の『北と南』（*North and South*, 1855年）は、ミルトン（マンチェスターがモデル）の工場主の男性とその男性の家庭教師の娘との恋愛を軸に進むが、資本家である工場主の経営方法はイングランド南部出身の家庭教師の娘との恋愛の行方にも影響を与えずにはおかない。労働者の不満は就労環境だけではなく、安い賃金で働くアイルランドからの移民労働者にも向けられる。「イングランドの状況小説」はワーキング・クラスの困窮を取り上げると同時に、北と南を対照的な地域として構築する言説を流布させた。

　産業革命による工業および鉱業の発達とそれに伴う人の移動の増加は同時に、イングランド北部に独特の文化圏を育んだ。話す英語も地域ごとの特徴がある。代表的なものが、ニューカッスルを中心とした「ジョーディー」（Geordie）、マンチェスターを中心とした「マンキュニアン」（Mancunian）、リヴァプールを中心とした「スカウサー」（Scouser）だ。ジョーディーとは、坑夫が身につける安全灯を発明したジョージ・スティーヴンソン（George Stephenson 1781-1848）にちなんだ愛称で（チャイルズ 71）、大英帝国最大の貿易港であったリヴァプールのスカウサーとは、肉や馬鈴薯を煮込んだ「ロブスカウス」

（lobscouse）という船員用のシチューにちなんでおり、鼻音に特徴があると言われる（チャイルズ 72）。いずれも、当該都市圏の基幹産業がその土地の文化と住民のアイデンティティに少なくない影響を与えていることを示している。

筆者は言語学者ではないため、こういった地域ごとの英語の違いを明確に説明することは難しいが、映画鑑賞のヒントとなるような北部英語の特徴については、少し紹介することとしたい。

2. 本書で取り上げる映画について

本書はできるだけ物語の舞台とロケ地が同じ映画を選んだ。また、監督、主要な登場人物、脚本のいずれかをイングランド北部出身のアーティストがつとめている作品を選んだ。これは、できるだけ北部の自己表象とみなせる作品を選びたかったためである。

映画産業の中心はイングランド南部のロンドンである。制作会社はロンドンにあり、キャスティングにしてもファイナンスにしても、ほとんどがロンドンを周辺とした南部で行われる。したがって、イギリスの映画産業の基本的な構造はロンドンを中心とする中央集権的なものである。このことは、ウェールズやスコットランド、もしくはイングランド北部を舞台とする映画が制作される場合には、ロンドンの「周縁」として描かれる傾向があることを示す。

また、日本で一度はロードショー公開されたことのある映画を選ぶようにした。こうした映画は字幕のある DVD がリリースされており、かつ日本人の好みにも合っていると考えたためである。映画のテーマとしては、スポーツ、音楽、教育など若い読者にも身近なものを選んだ。

第1章 『リトル・ダンサー』――はじまりの物語

『リトル・ダンサー』(*Billy Elliot*, 2000年, スティーヴン・ダルドリー監督)は、イングランド北部のダラムに住む坑夫の次男ビリーがバレエ・ダンサーとしての第一歩を踏み出す物語だ。ふとしたきっかけでバレエに出会うとたちまちその虜になり、練習を重ね、試練に見舞われながらも初心を貫き通し、最終的にはダンサーになる夢を実現させるサクセス・ストーリーでもある。また、本作は家族や親子の関係、友情、職業選択、ジェンダーなど、子どもの視点からも大人の視点からも共感できる普遍的なテーマを扱っている。

他方、この映画は極めてイギリス的な物語でもある。坑夫の息子、つまりワーキング・クラスの男子がハイアートの極みとも言えるバレエの世界を目指すという、階級移動を伴う物語であるためだ。さらに、この物語はイングランド北部の閉鎖性にジェンダーの点から挑む、という点で北部的な物語でもある。

加えて、2000年に劇場公開されたという点で、20世紀と21世紀の交差点に位置する映画でもある。2000年を起点としてイングランド北部を舞台にした映画を俯瞰する「はじまりの物語」として、本作ほどふさわしい作品はない。さらに付け加えるなら、本作はイギリスの演劇界で数々の名舞台を残してきた演出家であるスティーヴン・ダルドリー(Stephen Daldry, 1960-)が初めてメガホンを取った映画でもある。

【あらすじ】 時は1984年。主人公ビリーは11歳で、父親のジャッキー、兄のトニーと祖母の4人家族だ。父親も兄も炭坑夫だが、現在はストの真っ最中だ。ある日、ビリーは週1回ボクシングを習っている地元のユースクラブでバレエのレッスンを見て、気後れしながらも練習に参加する。父親に見つかりバレエ

を禁じられるが、バレエ教師のウィルキンソン先生がビリーにダンスの素質があることを見抜き、ロイヤル・バレエ・スクールのオーディション（入学試験）を勧めてくれたこともあって、ますますバレエにのめりこんでいく。ところが、試験日に兄が警察沙汰をおこして逮捕され、ビリーは受験を断念した。その年のクリスマス、たまたま息子のダンスを見た父は、自分の間違いに気づき、入学試験を受けさせようと決意する。周囲の人々の善意で費用を工面したビリーと父はロンドンでのオーディションに向かう。ビリーは合格し、ストも終わった。その14年後、ビリーはダンサーとしてロンドンの舞台に立つ。その晴舞台を見るため、父と兄は劇場に向かう。

　以下、この映画をイングランド北部の物語として読み解くに当たって鍵となるであろう3点に絞って検討していく。（1）イングランド北部の英語、（2）炭鉱の歴史と1984年、（3）階級と「北の」男らしさ、の3点である。

1. イングランド北部の英語

　まずは北部の英語について、具体的にセリフを引きながら紹介する。
　『リトル・ダンサー』の北部の登場人物の中で、日本人の耳に一番優しいのはバレエ教師のウィルキンソン先生であろう。映画のはじめの方で、ピアニストの男性に曲の指示を出す箇所で、次のようなセリフがある。

> Mrs. Wilkinson: Right, Mr. Braithwaite, "The Sun Will Come Out
> Tomorrow". (10:16-10:19. 強調は筆者)

ウィルキンソン先生は、下線を引いた部分を「サン」ではなく「ソン」、「カ

ム」ではなく「コム」と発音している。他にも"Thank you very m<u>u</u>ch."では「マッチ」ではなく「モッチ」となる。つまり、母音の発音が変化している。あまり正確ではないが発音記号で示すと、ʌがɒに変わるイメージだ。これは、セヴァーン・ウォッシュ線以北の英語によくみられる。

　ビリーの英語には、こうした母音の変化以外にも、北部の語彙の使用が見られる。兄のトニーが自分のレコードに触っただろうと問いただす以下のような場面を見てみよう。

　　Tony: Have you been playing my records you little twat?
　　Billy: I've never played <u>nowt</u>. （04:25-04:29. 強調は筆者）

下線を引いた"nowt"は"nothing"のことだと思われる。また、意味的には二重否定（強い肯定になる）ではなく"anything"を用いて普通の否定文にすべきであるため、文法的には二重否定の使い方にも特徴がある。ビリーは"owt"という表現も使うがこれは、"anything"を指す。

　もうひとつ、バレエは女子の習い事だというビリーの父親ジャッキーのセリフを見ておきたい。

　　Dad: All right for your Nana, for girls. No, not for <u>lads</u>, Billy. <u>Lads</u> do
　　　　football... or boxing... or wrestling. Not friggin' ballet. （27:02-27:18.
　　　　強調は筆者）

下線を引いた"lads"は「男子」という意味の単語"lad"の複数形で、イングランド北部でよく使われる。「女子」は"lass"である。

地元で話される英語の響きを一番よく伝える人物はボクシングの先生のジョージではないだろうか。ジョージを演じたマイク・エリオット（Mike Elliot 1946-2014）は北東部サンダーランド（Sunderland）出身で、コメディアン（日本で言うお笑い芸人に近い）として活躍した。

> George: I'm going to let Mrs. Wilkinson use the bottom end of the boxing hall for her ballet lessons. So no hanky-panky, understood?（07:14-07:22. 強調は筆者）
>
> ジョージ：ウィルキンソン先生のバレエ教室にボクシング場の半分を使ってもらうことになった。だからって、イチャイチャするなよ、いいか？

下線を引いた音が「ア」ではなく「オ」に近い音になるのは上記の通りだが、「理解する」と言う意味の"understand"が過去分詞の"understood"で使われて"-stood"の音節で音がくぐもるため、聞き取りにくくなる印象がある。ここで過去分詞が使われるのは、"Have you all understood?"と言うべきところを省略しているためであろう。

2. 炭鉱の歴史と1984年

　1984年、ダラムの炭鉱はスト決行中である。なぜストをしているのか。まずは、この石炭産業の背景から見て行こう。

　石炭はイギリスでは長い歴史を持つ燃料である。その生成過程に関しては、ビリーも学校の授業で習っている。ローマ人がブリテン島を侵略していた紀元後1世紀頃から使用され、北東部海岸にも石炭を採掘し燃料として使用した跡

が残されている。石炭に関する最初の記述は12世紀後半で、13世紀になると
ニューカッスルで炭鉱業が発展し、国内の他の場所にも供給を始めた。1334年
の記録によると、石炭のおかげでニューカッスルはイングランドで4番目に豊
かな街となったという。1547年には人口が1万人を超えた（'Mining'）。[注1]

　この様相を一変させたのが1709年にエイブラハム・ダービー（Abraham
Darby, 1678?-1717）が発明したコークス製鉄法であった。石炭の不純物を取
り除いてより高カロリーの燃料を可能にするこの技術により製鉄業が大規模化
し、1769年にワットが蒸気機関を発明すると、この技術が動力として使われる
ようになった。石炭は家庭などでの一般的な消費に加えて、工業生産に欠かせ
ない燃料となったのである。イギリス全土における石炭産出量は、1700年には
200万トン程度であったが1800年には1,100万トン（村岡・木畑 24）、1913年に
は2億9200万トン、戦後1963年には2億トンであった（DESUG）。ダラムの炭鉱
では1913年の採掘量が4,200万トン、1956年には2,500万トンであった。

　戦後の炭鉱業は右肩下がりの歴史を辿る。1950年代以降、イギリス国内の炭
鉱は政府によって順次閉鎖されていった。イングランド北東部もこの例に漏れ
ず、何百もの炭鉱が閉鎖した。そしてついに1984年、当時の首相マーガレット・
サッチャー（Margaret Thatcher, 1925-2013）が国営産業である炭鉱を自由化
して支援を打ち切ると発表した。これに抗議するため、全英炭鉱労働者組合
（National Union of Miners）は組合員にストライキに訴えるよう呼びかけた。
ストライキに入ると、組合員はピケを張り、ストを破って就労する者が出ない
ように監視した。ピケは時には暴力的になって警察が出動することもあった。
『リトル・ダンサー』にも、兄のトニーが金槌を持ち出そうとして父に制止さ
れる場面や、暴徒化する組合員を抑えるため、機動隊や時には騎馬隊まで出動
して取り締まる様子が描かれている。もっとも、ストライキに対して闘志を剥

き出しにするトニーとは違い、子どもたちは機動隊の存在にすっかり慣れっこになっているようだ。

　1984年から一年間のストライキは結局、組合の譲歩に終わった。映画では、ビリー合格の吉報をいち早く仲間に知らせたくてジャッキーが走るシーンがある。だが、仲間の表情は暗い。ストは組合側の敗北に終わったからだ。それだけではない。サッチャーに対抗するためにとった組合の戦術に不備があり、結局それが原因で負けたのだった。法律により、ピケに参加する組合員を無記名投票で選ぶよう規定されているが、組合はこの手続きを踏まなかったため、ストは非合法とみなされてストライキ中でも支払われるはずの給金が支給されなかった（バートン 224）。無収入では経済的に苦しいため、組合を裏切って就労を再開する者も現れた。ジャッキーもビリーのためにスト破りをしようとして装甲バスに乗ってピケを越え、トニーに泣いて止められるシーンがある。また、石炭のない冬は非常に寒く、国民の気持ちも離れて行った。作品中にジャッキーがピアノを解体して暖をとるシーンがあるが、ストのために坑夫でさえも石炭が手に入らなかったのであろう。

　亡き妻の形見のピアノを破壊して炉にくべるほど追い詰められているのに、なぜストライキを続けなければならないのか。しかし、石炭に特化した地元の産業構造では転職先の目星がなく、多くの坑夫は曽祖父の代から坑夫であり家族や親戚も坑夫であってそれ以外の選択肢を持たないなら、そう簡単には引き下がれない。また、命がけで坑道に潜る坑夫には、ビリーの旅費集め運動にも見られるように、強い連帯意識がある。

　1980年代には北東部にあった29の炭鉱のうち20鉱が閉鎖され、1990年には8鉱、2005年には最後まで残っていたエリントン炭鉱（Ellington Colliery）が閉鎖された。『リトル・ダンサー』にある炭鉱内部のシーンは、このエリントン

炭鉱で撮影された。ビリーの母が眠る海沿いの墓地の隣にも炭鉱があるが、これはリネマウス炭鉱（Lynemouth Colliery）で1994年まで稼働していた。

　同じ、1980年代の炭鉱ストライキと閉山という問題を背景にした映画として『ブラス！』（*Brassed Off*, 1996年 マーク・ハーマン監督）があげられる。この作品については第3章で取り上げる。『ブラス！』は『リトル・ダンサー』より前に劇場公開された映画だが、ここでは1984年ストの後日談が語られる。

3. 階級と「北の」男らしさ

　先ほど、北部英語の節でも例にあげたが、家族に内緒でバレエ・クラスに参加していたビリーを見つけて父親のジャッキーは言う。「バレエは女子のもので、男子のものじゃない。男子はボクシングやサッカー、レスリングをするもんだ。チャラチャラしたバレエなんて男子のすることじゃない」。ジャッキーは「男子」と日本語にした部分に"lads"という表現を使っている。これは、北部の、特にワーキング・クラスの人々の間で「男子」を指して使われる英語であるためここでは、北部のワーキング・クラスの男子が体を鍛えるなら、まずはボクシングかフットボールが種目として相応しいという価値観もしくは文化的なアイデンティティが表明されている。ビリーの父は、体を酷使するボクシングやサッカーなどが男子にふさわしい習い事で、ふわふわと飛んだり跳ねたりするバレエは女子の習い事だと反対のイメージで捉えている。古典バレエでは圧倒的に女性が主役を踊ることが多く、動きの面でも体の柔軟性や繊細さといった、ある意味で「女性的」な動きが求められる。バレエをすれば、男性も「女っぽい」動きが求められるのだから、バレエを踊る男性は女っぽい男性という考えに繋がり、男性同性愛恐怖（ホモフォビア）を引き起こすのだ。

　ビリーの夢はバレエ・ダンサーになることだ。それは2つの固定観念を乗り

越えることを意味している。ジェンダーと階級だ。このふたつは、ビリーというよりも、父や兄の規範でもある。

　イギリスは階級社会である、とよく言われる。階級をいくつに分けるかには議論があるようだが、たいていは「アッパー・クラス」（上流階級、貴族）、「ミドル・クラス」（中産階級、デスクワークの多いホワイトカラー）、「ワーキング・クラス」（労働者階級、肉体労働のブルーカラー）の3つに分けられる（下楠他280）。こうした階級構造を生み出したのは、18世紀後半から進んだ産業革命であった。さらに、職業によって細かく分ける場合もある（下楠他280）。イギリスでは、話す英語から教育、職業や余暇の過ごし方にいたるまで「階級」が関わってくると言われる。そして、理不尽に聞こえるかもしれないが、たまたま生まれ落ちる階級によって、教育や職業が左右されることが多い。その一方で、個人に注目した場合には階級の移動は起こるため、固定した水も漏らさぬ制度かというと、そういうわけでもない。

　階級を見分けるひとつの基準は家だ。ビリーはいくつもの家が横につながったテラスドハウス（日本でいう長屋のようなもの。炭坑夫の住まいとして、定番である）で、家族はキッチンに集まり、トイレが外についている。一方、ウィルキンソン先生の家は新しい住宅地にあるコテージ（1階建の戸建）で、広くてゆったりとしたラウンジがある。これはミドル・クラスの人々の居住形態である。このことからも推測されるが、常にタバコを片手に時にはブルーのトラックスーツを着て指導するバレエ教師のウィルキンソン先生はミドル・クラスである。オーディションでロンドンのロイヤル・バレエ・スクールを訪れたビリーも、真っ白な建物と整然とした練習室で優雅にレッスンを受ける生徒たちを目の当たりにして、ここが自分の居場所ではない可能性を感じ取っている。そして、階級の違いは、試験官とエリオット親子の英語にも明らかだ。

バレエのような芸術はミドル・クラスを含めた上流階級の文化で、エリオット家のようなワーキング・クラスの文化ではない。*Longman Dictionary of English Language and Culture with Colour Illustrations*（1992年）は、バレエを上流階級が好む芸術としている（1258）。バレエはイタリアやフランスの宮廷を起源とするヨーロッパの芸術であり、オペラを上演するような額縁舞台と深い奥行きを持つ劇場に生のオーケストラ演奏で上演する。当然ながら、切符は高額で、西洋の古典や芸術に対する知識も求められる。さらに、本格的にバレエを目指すとなれば、学費や諸費用などはかなりの金額となり、とてもワーキング・クラスの家庭が賄える金額ではない。しかし、才能があると認められれば、カウンシル（地方自治体）の奨学金を得てバレエ学校で訓練を受けられるとウィルキンソン先生は言う。選ばれた者に対しては、才能を伸ばし、その結果として階級を移動する仕組みがあり、階級の差が能力の差に優先されるわけでもないようだ。

　階級の違いは常に支配被支配の優劣構造ではなく、お互いのアイデンティティや文化の違いとして立ちはだかることがある。トニーの警察沙汰のために、ビリーがバレエ学校のオーディションを欠席した日、たまりかねたウィルキンソン先生がエリオット家に乗り込んで来る。すると、トニーは言う「弟に近づくな、この中流女」（1:00:38-1:08:40）と。ウィルキンソン先生は、ビリーの素質を伸ばしてワーキング・クラスの酔いどれ軍団から救いたい一心だが、父や兄はバレエへの偏見が強く、両者の溝は埋まらない。肝心のビリーは、階級といった大人の事情ではなく、バレエがうまくなりたい一心でレッスンに励んでいる。自分で努力することができる、この点がビリーの階級移動の鍵となる。ここでカメラはもちろんビリーの側に立ち、トニーと先生の口論から逃れるかのように家を飛び出したビリーが、タップシューズを履いてストリートを踏み

鳴らし、壁と言う壁をぶち破ろうとするかのごとく踊る様子を映す。

　階級の他にも問題は存在する。ジェンダー（性的役割の分担もしくは社会規範もしくは階級規範としての「男らしさ」や「女らしさ」）の問題である。伝統的に、資本主義の世界は男性中心主義で、家の内外の役割を性別、すなわちジェンダーで分けてきた。家の外で働いて生活に必要な収入を得るのは男の役割、家の中にいて家庭を守るのは女の役割とされてきた。さらに、家父長制により男子が家を継ぐ制度が強化されてきた。このような世界では、どのような仕事をしてどのくらいの収入があるかが男性の評価を左右する。つまり、職業という外の顔が、自分は何者かというアイデンティティの問題と深く結びついている。そして、仕事を失うと言うことは、単に収入が絶たれるだけでなく、アイデンティティの危機にもつながる。作中の例をあげると、ウィルキンソン先生の夫のトムは管理職だが現在は自宅待機中だ。昼間から酒杯をあおり、ソファで粗相をしたこともあると娘のデビーは打ち明ける。

　ジェンダー役割の固定観念からいえば、ジャッキーもトニーも坑夫で、坑夫は男の仕事だという誇りを持っている。また、坑夫の家庭では子どもも坑夫になることが多く、ビリーの家もその例に漏れない。ビリーは祖父のボクシング・グローブを使っているので、祖父も、ひょっとすると曽祖父も坑夫だったのかもしれない。先祖代々このダラムの地で、ボクシングで体を鍛えて坑夫の仕事を続けてきた。親兄弟にならって将来坑夫になるなら、バレエで習う柔らかさやしなやかさは必要ない。だが、ビリーは炭鉱にはあまり興味がないし、父や兄の同業者になるつもりもないようだ。スト決行中の炭鉱には未来がないから坑夫を選ばないのではなく、同じ体を使う仕事でも、音楽に乗って体を自由に動かして表現することに魅力を感じているためにバレエを目指すのである。

　父や兄と対照的なのが、祖母の受け止め方だ。遠い昔、バレエ・ダンサーに

なりたかったという祖母は、ビリーの夢に対して肯定的である。叶わなかった自分の夢を、孫が実現してくれると考えているのだろう。また、ビリーが片手でピアノをひくシーンがあり、このピアノは前年の冬に亡くなった母親のものであった。従って、やや安易な二分法ではあるものの、ビリーは父親ではなく祖母や母親の流れを受け継いで、祖母や母親が叶えられなかったアートへの興味や関心に向かうことを映画は示している。バレエのレッスン用のピアノ音楽を耳にしたビリーは、ボクシングのリング上でまるでダンスするかのような動きを見せ、ピアノの音に引き込まれていく。

　『リトル・ダンサー』は北東部の炭鉱町の男らしさに馴染めない人物も登場させている。ビリーの幼馴染のマイケルは、女性の服装や化粧に興味がある。ウィルキンソン先生の家を訪ねた後でビリーがマイケルを訪ねると、マイケルは姉のワンピースを着て出てきた。ややたじろぐビリーを意にも介さず、マイケルは化粧台で赤いリップスティックを「試して」みる。ビリーは驚くが、マイケルは平然と答える。「パパはいつもやっている」(37:06-37:08) と。そして、ビリーにも口紅を塗ってやる。だが、ビリーは女装には興味がないようだ。代わりに、ニューカッスルで行われるバレエ学校のオーディションのことをマイケルに相談する。また、クリスマスの晩に、チュチュを着てみたいというマイケルの願いをビリーは叶え、バレエの基本的な動きを教える。マイケルはさりげなくビリーへの好意を伝えるが、ビリーはそれに困惑したりはしない。このように、本作は北部の男らしさの神話を切り崩そうとする一方で、ビリーのセクシャリティに関しては慎重な映画である。マイケルの性自認を描きつつ、彼にバレエとチュチュを同義であると誤解させることで、ビリーが男性同性愛者ではないことを示す契機としているとも考えられるためである。

　実は、バレエに興味のあるビリーにも、最初のうちは躊躇している部分があ

る。バレエは女子の習い事で、男性のバレエ・ダンサーはみな同性愛者だと思い込んでいるのだ。バレエを踊ったらゲイだと間違われると恐れている。だが、デビーから男性のダンサーが全てゲイでなよなよしているわけではなく、元ロイヤル・バレエのダンサーのウェイン・スリープ（Wayne Sleep 1948- ）のような運動選手並みの身体能力を持つダンサーもいると教えられて、あっさりと不安は解消する。バレエを習っても、ゲイにはならないのだ。ところが、父や兄は納得しない。ビリーが、伝統的なワーキング・クラスの男らしさから逸脱してしまうのではないかと恐れている。妻亡き後、家事、育児、介護と母親の代役も果たさなければならない父と兄（エプロン姿で登場する）は、自分たちのアイデンティが揺らいでいるからこそ、ビリーに厳しく当たるという側面もあるのだろう。

　このように、男性らしさ女性らしさ、ワーキング・クラスの文化とミドル・クラスの文化の二項対立に囚われているのは大人の男性、すなわち父のジャッキーと兄のトニーということになる。坑夫的な、つまりイングランド北東部の男らしさを継承しないと決めたビリーを応援することで、この2人が階級やジェンダーにまつわる固定観念を乗り越えていくのがこの映画の核の部分だ。つまり、この映画はジャッキーとトニーの話でもある。家族に内緒でオーディションを受ける企みが失敗するのは、このためだろう。父と兄の承認が必要だからである。男性の家族が自分たちの規範とする男らしさのステレオタイプにビリーを当てはめることをやめて初めて、次男のロンドン行きは可能になる。さらにその承認の輪は、ビリーが坑夫仲間の資金援助でロンドンでのオーディションに行くように、炭鉱町の間にも広まっていく。彼らの支援があって、ビリーの夢は実現する。ここでは、閉鎖的かつ排他的な価値観を持つ坑夫文化が批判されると同時に、その連帯の強さも印象に残る。

そう考えてくると、最初のバレエ・レッスンでのビリーの位置もはっきりするように思う。この映画では、ウィルキンソン先生の女子生徒たちは皆、白いチュチュを着ている。これは、普段のレッスンではかなり稀なことなのではないだろうか。女子の輪の中に入って行くのは女子に自己同一化するためだと、マイケルは思っている。そうだろうか。おそらくビリーは、ピアノの音に誘われて、『白鳥の湖』で王子が白鳥の群れに近づいて行ったように、白いチュチュの集団に近づいて行ったのではないだろうか。

　大人になったビリーが踊る演目はマシュー・ボーン（Matthew Bourne 1960-）の『スワン・レイク』だ。これはロマンティック・バレエの傑作『白鳥の湖』を男性同性愛的な視点で書き替えた作品である。白鳥役は全て男性ダンサーが踊り、王子は主役の「スワン」と恋に落ちる。『白鳥の湖』第2幕で踊られる、白鳥の女王オデットとジークフリート王子のパドゥドゥにかえて、男性のスワンと王子のパドゥドゥがある。『白鳥の湖』第3幕では、悪魔ロットバルトがオデットによく似た黒鳥オディールを連れて宮廷に乗り込んでくるが、『スワン・レイク』では、黒鳥の代わりに無頼者の「ストレンジャー」が登場し、宮廷を混乱に陥れる。最後の第4幕では再び王子とオデットの場面だが、演出によっていくつかの異なる結末があるようだ。マシュー・ボーン版では、王子が夢の中で白鳥に食い殺されて息絶える。父王亡き後、王妃は愛人を作り、王子は疎まれる設定となっている点も、『白鳥の湖』とは異なっている。さらに、『スワン・レイク』は生のオーケストラではなく録音した音楽を使用し、スピーディでパワフルな演出が目を引く点も異なっている。

　古典バレエの世界には、いわゆる男性同性愛者の役柄はない。そういった欲望は別の記号に変換されている。逆に、マシュー・ボーン版では、異性愛者のダンサーもこの男性同士の愛情を描いたレパートリーに挑戦することになる。

映画に展開するバレエ女子のチュチュ姿が男性のスワンに置き換わる最後の場面は、意外性がある。短い場面なので、驚いているうちにエンドロールの歌が流れ始める。この意外性があるからこそ、改めて観客は「男らしさ」とは何なのかを考えることになるのかもしれない。炭坑夫を頂点とするダラムの「男らしさ」が成り立たなくなった後、何が男らしいことなのか、と言う問いが改めて問われている。

　なお、失業の問題を取り上げた映画に関しては、第3章でも引き続き検討する。

第2章 『リトル・ダンサー』の前史 (1)
──20世紀初頭から1979年までの映画と北部

　『リトル・ダンサー』が公開される前に製作され、イングランド北部を舞台にした映画にはどのようなものがあったのだろうか。本章は、20世紀初頭から1979年までのイングランド北部を舞台にした映画史をたどる。その上で、『リトル・ダンサー』が特に影響を受けたであろう『ケス』(*Kes*, 1969年, ケン・ローチ監督) および『リトル・ダンサー』と同時期の教育問題を扱った映画として『ヒストリー・ボーイズ』(*The History Boys*, 2006年, ニコラス・ハイトナー監督) を取り上げる。

1. 戦前の映画と北部

　イングランド北部を描いた映画として、最も古いもののひとつはサガール・ミッチェル (Sagar Mitchell, 1866-1952) とジェームズ・ケニヨン (James Kenyon, 1850-1925) が撮影したものだ。この2人はイングランド北部のブラックバーン (Blackburn) にミッチェル・アンド・ケニヨン社 (Mitchell and Kenyon Film Company) を創設し、20世紀初頭のワーキング・クラスにカメラを向けた。その中でも特に興味深いものが、いわゆる「工場の門」(factory gate) フィルムだ。ミッチェルとケニヨンは工場の終業時間になると文字通り「工場の門」で労働者たちを待ち伏せし、彼らの姿をカメラに収めた。そして、そのフィルムを地元の行楽施設で上映した。労働者たちは、スクリーンに映る自分たちの姿見たさに入場料を払って映画を見に行った。彼らのモットーは「地元の人間による地元の人たちのための映画」(Local films for local people) であった (BFI)。[注1]

ミッチェル・アンド・ケニヨンの映画は白黒で音も入っておらず、かつ本書が対象とする劇映画のジャンルには入らないのだが、ワーキング・クラスの「ふつうの人たち」の姿を伝える映像資料として極めて貴重なものである。北部のワーキング・クラスの表象としては、L. S. ラウリー（Lawrence Stephen Lowry, 1887-1976）の絵画がよく知られているが、工場への出勤退勤時を独特の「マッチ棒人間」（the matchstick man）――マッチ棒のように長細い人物や動物――で描く絵画には、ミッチェル・アンド・ケニヨンの影響が見られるのだと言う（Dave 41-42）。

　1930年代になると、イングランド北部のコメディー（喜劇もしくは笑劇）が劇映画のフォーマットで登場する。[注2] それまでにも、ミュージック・ホールや労働者クラブなどで演じられていたものが、映画として登場したのである。1934年にジョン・E・ブレイクリー（John E. Blakeley, 1888-1958）が設立したマンキュニアン映画社（The Mancunian Film Corporation）は、自社の映画を「ジョリウッド」（Jollywood）と呼び、「ノーザン・コメディ」（Northern Comedy）という映画ジャンルの成立と普及に貢献した。「ジョリウッド」とは、ジョンの名前の頭文字のJと英語で「楽しい、すてきな」を表す"jolly"をかけたもので、ハリウッド映画とは異なる「愉快な」映画の提供を目指した。ブレイクリーの映画は北部だけでしか公開されなかったが、限定された観客をターゲットとしながらも、公開した映画はすべて制作費を回収できるほど好評であった（Oliver 454）。

　このジョリウッドから映画デビューしたスターのひとりが1930年代のイギリスで大人気となったコメディアンのジョージ・フォーンビー（George Formby, 1904-1961）である。ランカシャーのプレストン（Preston）生まれのフォーンビーは、ウクレレ・バンジョーの伴奏による弾き語りと、性的な内

容を婉曲的に盛り込む歌詞で一世を風靡した。また、ノーザン・コメディ出身の女優として、グレイシー・フィールズ（Gracie Fields, 1898-1979）がいる。ランカシャーのロッチデール（Rochdale）出身で、ミュージック・ホールのコメディエンヌであったフィールズの才能に惚れ込んだJ. B. プリーストリー（J. B. Priestley, 1894-1984）が彼女のために当て書きした脚本による『シング・アズ・ウィー・ゴー』（*Sing As We Go*, 1934年, バジル・ディーン監督）で大当たりをとった。これ以降ノーザン・コメディの影響は、イギリスの映画界にしっかりと根をおろしていく。グレイシー・フィールズの歌は『ヒストリー・ボーイズ』（第3章）や『リトル・ヴォイス』（第5章）でも使用されている。

2. 戦後の映画と北部

　戦後のイギリス映画は、政治や経済など他の分野と同じように、アメリカからの支援を受け入れて復興していく。外国からの物資調達や戦時中の借款の支払いに米ドルが不足していたイギリス政府は1947年、米国映画に対して75パーセントの輸入関税を課した。これに対応するために結ばれたのが、「映画に関する英米間の合意」（Anglo-American Films Agreement）である。この合意により、イギリスでの映画製作が資金的に可能となり、製作された映画を米国で公開することもできるようになった（ANGLO-AMERICAN）。

　この合意が呼び水となって、イギリスでの映画製作は息を吹き返す。同時に、アメリカ化も進んだ。アラン・ヒューズの調べによると、1948年から1958年までの10年間に制作されたイギリス映画のうち、30パーセントほどが主役や準主役級の役柄で米国の役者を起用し、あるいは物語展開に米国が重要な役割を果たしているという（Hughes 220-221）。ことに、ホラーや冒険もののジャンルで、米国色の強い映画が作られた。他方、子ども向けの映画やコメディの割合は少

なかった（Hughes 222）。ヒューズはさらに調査を進め、この期間にイングランド北部が関与している映画についても調べている。その割合は全体の2パーセントと極めて少なく、ジャンルもコメディか犯罪ものに限られていた（Hughes 225）。コメディものの基本的なプロットは北部出身の登場人物が北アメリカ大陸に渡るというものであり、犯罪ものは米国ノアールものを別の土地に移植したようなもので、いずれも「北部色」ではなく米国色を強めたことに特徴があるという（Hughes 231）。

　イギリスの映画でイングランドの北部が再び注目されるのは、1959年から1963年にかけてである。わずか4年間に計9本程度の映画が公開されたにすぎないが、「ブリティッシュ・ニュー・ウェイヴ」（British New Wave）と呼ばれる映画のほとんどは、ミッドランドや北部のワーキング・クラスの若者の生き方に焦点を当て、当時はタブーと見なされていた「低俗」な題材、例えば、青年の非行、婚外交渉（特に階級が上の女性との）、未婚の母、同性愛などのテーマに取り組んだ。【注3】

　ブリテッシュ・ニュー・ウェイヴの映画は、それに先行する演劇や小説のアダプテーションであるものが多い。1950年代までの演劇や小説は、主要な観客もしくは読者であるミドル・クラスの登場人物を中心にプロットが展開していたが、こうした主流派とは異なる視点で描かれたのが、「怒れる若者たち」（Angry Young Men）と呼ばれて一斉を風靡した作品群である。例えば、ジョン・オズボーン（John Osborne, 1929-1994）の演劇『怒りを込めて振り返れ』（*Look back in Anger*, 1956年）やアラン・シリトー（Alan Sillitoe, 1928-2010）の小説『土曜の夜と日曜の朝』（*Saturday Night and Sunday Morning*, 1958年）などである。戦後のイギリスが福祉国家を目指して復興する中で、「イギリス人とはどのような人々か」と言うイングリッシュネスの問題が浮上する。

そのような問いを検討する中で、まずはフィクションの形で、階級の面でも地域の面でも他者である北部のワーキング・クラスの物語が登場したことは注目される。原作となった「怒れる若者たち」の演劇や小説は当時の観客や読者層の心を掴み、批評としても一つのジャンルを形成するほどの反響があり、映画化へと進んだ。

こうした先行作品を映画化するにあたって、原作がそのまま映画になったわけではない。例えば、演劇は「キッチンシンク・ドラマ」（kitchen sink drama）とも呼ばれ、労働者階級の家庭を舞台とし、その台所で展開するテーマをワーキング・クラスの言葉で舞台に乗せた。ブリテッシュ・ニュー・ウェイヴの映画は、テーマや言語の面でのリアリズムを受け継ぎながらも、ワーキング・クラスの家庭からカメラを出し、長屋の裏道や街の風景などを含めた文化圏をカメラに収める「キッチン・シンクのリアリズム」（kitchen sink realism）を用いて、「下層階級」の人々の日常生活のドラマを写実的かつ詩的な方法で描写した（Higson 136-137）。

こうした映画の監督は、ヨークシャーのシップリー（Shipley）で生まれたトニー・リチャードソン（Tony Richardson, 1928-1991）以外は北部の出身ではなく、リチャードソンもオックスフォード大学出身のエリートであった。この時期はまだ、北部のワーキング・クラスの自己表象として映画を制作するには機が熟していなかったのである。他方、戦後のイギリスを席巻したハリウッド映画にはない、イギリス独自の言語や文化、ひいては社会の表象をこうした映画は提供した。

3. ケン・ローチと『ケス』

ワーキング・クラスの若者の問題を取り上げた「怒れる若者たち」の演劇や

ブリテッシュ・ニュー・ウェイヴ映画が登場した時代はまた、テレビが一般家庭に普及し始めた時代でもあった。当時はまだBBC（British Broadcasting Corporation）しか放送局がなかったが、BBCは各地の放送局で地域に根ざしたテレビドラマを製作し放送もしていた。イギリスの映画はリアリズムの映画がもっとも優れていると言われることがあるが、その要因として才能のある映像作家がまずテレビ業界で仕事についたことがあげられる。BBCでのテレビドラマ演出を経て映画に進出した映像作家にケン・ローチ（Ken Loach, 1936- ）がいる。

　『リトル・ダンサー』はさまざまな点でローチの『ケス』を意識している。実際のところ、30年後の書き替え作品と見なしても良いくらいである。そこで、まずは両者を比較してみたい。

【あらすじ】　ビリー・キャスパー（Billy Casper）は南ヨークシャーの炭鉱町バーンズリー（Barnsley）に母親と年の離れた兄と暮らしている。母は仕事を持ち、仲間と飲み歩くのに忙しい。同じベッドで寝ている兄のジャッドには、口答えするとひどく仕返しされる。ビリーは朝起きると新聞配達のアルバイトに行く。ある日、森の外れの修道院の廃墟にハヤブサが巣を作りヒナをかえしているのを発見する。ビリーはそのヒナを捕まえて、内緒で飼育を始めた。「ケス」と名付け、古本屋でハヤブサ飼育法の本を失敬し、肉屋でくず肉をもらい、草原で飛行訓練をする。ビリーは勉強も運動も苦手であり、家族のことでクラスメートにバカにされている。しかしある日の授業でケスのことを話す機会があった。ビリーの話を皆聞き入り、質問するクラスメートもいた。先生はケスの訓練を見に来てくれる。しかし、ジャッドから預かった競馬の掛け金をくすねたことが知れて、兄が学校に乗り込んでくる。ビリーは就職の面接を受けな

がらも気が気でない。面接を終えて家に帰ると、ケスはゴミ箱で息絶えていた。ビリーはケスを森の境に埋葬する。

3.1 ふたりのビリー

『リトル・ダンサー』と『ケス』には主人公の名前が「ビリー」という少年であるという設定以外にもさまざまな共通点がある。まず、映画の最初の場面だ。兄と同じ部屋で寝ているという最初のシーンは、明らかに『リトル・ダンサー』が先行作品である『ケス』への応答であることを示す。それ以外にもさまざまな共通点がある。イングランド北部の炭鉱町を舞台とし、シングルペアレントの家庭で年の離れた坑夫の兄がいる。前者のビリーは11歳、後者は15歳で、将来のキャリアを考える時期だが、両方とも坑夫になりたくない。前者のビリーはバレエを、後者はハヤブサの飼育を学ぶため、本を無断で持ち出して自分で勉強する。バレエもハヤブサも、既定路線である坑夫の仕事を受け継ぐのではなく、鳥のようにもっと「自由」な世界に出て行きたいという主人公の気持ちを表している。そして双方とも、炭鉱労働の場をスクリーンに映し出している。さらに、どちらのビリーも理解のある先生に認めてもらうことで自信を持つことができる。

もちろん、両者には違いも多い。まず、『リトル・ダンサー』の方が、圧倒的にドラマチックでシンプルである。バレエを目指すビリーの敵は、男性のダンサーに対する世間の偏見ではなく、父と兄と坑夫コミュニティーである。しかし、彼らも最後にはビリーを認めてくれる。成人して見事に男性のスワンを演ずるシーンで幕を閉じ、古典バレエの演目に異議申立てすると同時にジェンダーの多様性を認める方向で決着させる。さらに、『トレインスポッティング』（*Trainspotting*, 1996年）や『シャロウ・グレイヴ』（*Shallow Grave*, 1995年）

などでダニー・ボイル（Danny Boyle, 1956-）と仕事をしたブライアン・トゥファーノによるカメラワークはドラマチックでテンポがよい。特に、ストリートのダンスシーンで、こうしたカメラワークが際立っている。

　他方、『ケス』は、ビリーが家庭や学校でいじめられ、友だちもいない様子を映し出す。母と兄がお金だけ置いてパブに行った後に1人で家に残され、体育着を準備してもらえないために、体育の授業はサボりがちである。しかし、ビリーは可哀想なだけの人物ではない。牛乳配達の車からミルクを失敬したり、肉屋に交渉してくず肉を分けてもらったりする。動物に興味があるが、ペットの愛玩動物ではなく子ぎつねやカササギ、コクマルガラスやカケスを育てたことがある。その中でもビリーがケスを好きなのは外に一緒に連れ出せるから、そして人間に「飼い馴らされないから」だ。ビリーにとっては家や学校ではなく、森や草原が安心できる場である。こうしたビリーの様子を、映画は多くの場面でカメラを引き気味に構え、ケスが大空を自由に飛ぶ様子や、ビリーがクラスメートにハヤブサの飼育について話す様子をじっと見つめる。また『ケス』にはいわゆる結末はない。ハヤブサの誕生と死が、この映画の時間軸を作っている。

3.2 ビリーたちを取り巻く教育制度

　ここでイングランドの教育と制度について、少し述べておきたい。ビリー・エリオットは11歳である。この年齢は、イングランドの教育制度、特に1984年を舞台とした物語では重要な意味を持つ。「イレヴンプラス」という試験を受ける年だからである。これはプライマリー・スクール（日本の小学校課程にあたる）の最終年に受ける試験で、この試験の結果により、将来アカデミックな方向（例えば大学進学）か、義務教育を終えたら就労するのかが決まる。具体

的に言うと、イレヴンプラスの結果で、グラマー・スクール（ラテン語の文法を教える学校に起源を持ち、学業成績優秀な子どもが大学進学を目指して学ぶ進学校で、ほとんどが公立）への入学が決まる。[注4]つまり、11歳のビリーは、アカデミックな方向を目指すか、16歳で義務教育を終えたら働くか、が決まる位置にいる。そんな境界の年齢であるからこそ、ロイヤル・バレエ・スクールへの入学は将来の職業選択という意味で、見逃せない意味を持つ。

　11歳で進路を決められたラッキーなビリー・エリオットとは違い、『ケス』のビリー・キャスパーはイレヴンプラスの結果入学したセカンダリー・スクールで、学力、環境、学ぶ意欲の点で明らかに学修から疎外されている。その一方で、動物の面倒を熱心にみてそれを言語化して人前で話すこともできるビリーには、他の登場人物にはない長所がある。しかし、その長所は仕事には結びつかない。学校で行われた就職の面接で、ビリーはケスのことが心配で上の空であったことも災いして受け答えがおざなりであり、就職に対する熱意を感じられなかった面接担当者はビリーの仕事は地元の基幹産業である炭鉱にしかないと決めてしまう。そうでなければ、失業給付の列に並ぶことになる。ビリー・エリオットが、ふて腐れて面接試験に臨んだにもかかわらず、離席してから受けた質問で挽回するのとは何という大きな違いだろうか。

　戦後イギリスの教育は、階級に関係なく勉強のできる生徒をイレヴンプラスで判断する「成績重視主義」を導入することで、能力のあるワーキング・クラスが高等教育を受けて社会を動かす立場につくことを可能にした（ストーリー123-4）。実際に、ワーキング・クラス出身で成績の良い生徒が大学に進むことで、イギリスのアカデミアや企業文化の多様化は進んだ。当のローチもそのひとりだ。しかし、それには負の側面もある。『ケス』を発表して約40年後の2011年にケン・ローチは次のように語っている。

人口7万人のナニートンでは、グラマー・スクールに入学できたのは60人の少年たちだった。残りの少年たちはイレヴンプラスではじかれた。そのうち、シックスフォーム［大学入学のためのA レベル試験に向けて専門的に学ぶ学校のこと］に入ったのは我々のうち、たった12人で、そのうちの6人が大学へ行った。皆さんはどれほど教育の機会が限られていたかを忘れている。（ストーリー 124. 補注は筆者）

学校教育が子どもの選別に資していることにローチは批判的なコメントを残している。これは、アカデミックな内容に興味がある生徒にもそうでない生徒にも辛い状況ではないだろうか。アカデミックな学修内容に興味がない生徒は16歳で義務教育を終えるのが待ちきれない。学校の成績が優秀な生徒で、教育によってミドル・クラスになったイングランド北部出身の者もアイデンティティの再構築を迫られる。リチャード・ホガートが『読み書き能力の効用』で指摘するように、階級という点でも、出身文化という点でも、もともとの文化圏の他者となり、自分が生まれた階級や場所から「奴ら」と見なされるようになるためである（229-249）。こうした人々は、少なくとも二重のアイデンティティの間で生きていくことになる。

4.『ヒストリー・ボーイズ』オックスブリッジを目指して

　北部と教育の問題は、『ヒストリー・ボーイズ』（*The History Boys*, 2006年, ニコラス・ハイトナー監督）でも中心的なテーマである。1983年のヨークシャー（シェフィールド）を舞台としたこの映画は、『リトル・ダンサー』と同時代を舞台とし、ワーキング・クラスの生徒が特権階級の子息の通うオックスブリッジ（オックスフォード大学とケンブリッジ大学）進学を目指す様を追う。つま

り、ビリー・エリオットとは異なる文脈から、教育による就労機会の拡大と階級の上昇を目指す物語である。映画は2006年の公開で、原作となった芝居は1980年代を舞台としつつも芝居が上演された2004年時点の教育制度を前提にしているのだが（Bennet xx-xxii）、『リトル・ダンサー』における教育の問題を北部の文脈から比較して考えるのに適した作品である。なお、映画を監督したニコラス・ハイトナー（Nicholas Hytner, 1956- ）は原作舞台の演出も担当した。

【あらすじ】　1983年の8月初旬、ポズナー、スクリップス、アクバル、クローザー、ロックウッド、ラッジ、ティムズ、ディーキンの8人は夏休み中にもかかわらず学校に集まる。大学進学のために必要なAレベルテストの結果を見るためだ。彼らはグラマー・スクールの特別進学クラスに所属する人種、宗教、セクシャリティの異なる男子生徒たちで、秋からはオックスブリッジを目指して、受験対策に入る。そのために、校長はオックスフォード大卒のアーウィンという若い歴史教師を雇い入れた。しかし、受験の「要領」を伝授しようとするアーウィンの指導は、従前からこのクラスを指導してきた古参教員ヘクターの教育とは全くなじまない。タイプの異なる教師の間で戸惑いつつも、生徒たちは全員オックスブリッジに合格する。その祝賀会の後で、ヘクターがバイク事故で亡くなる。

4.1『ヒストリー・ボーイズ』の北部性

　『ヒストリー・ボーイズ』はオックスブリッジを目指す生徒たちの物語であるため、英語という点での地方色は強調されていない。また、学校で何をどのように教えるべきなのかという問題を受験と教養の点から議論しているという点では、普遍的なテーマを扱っている。とはいえ、映画を北部の物語として提

示していることも確かだ。ロケ撮影を行い、映画冒頭におかれた自転車で坂を
くだるポズナーの視点の先に広がる街と丘の風景とその背景に流れるグレイ
シー・フィールズの「シング・アズ・ウィー・ゴー」は、「1983年ヨークシャー」
というクレジットに北部の具体性を与えている。続いて流れるニュー・オーダー
（New Order）の「ブルー・マンデー」（"Blue Monday", 1983年）とザ・スミ
ス（The Smiths）の「ディス・チャーミング・マン」（"This Charming Man"
, 1983年）は、両方ともペナイン山脈の反対側にあるマンチェスターから1983
年に発表されたインディー・ミュージックの楽曲であり、時代の雰囲気と同時
に北部の物語であることを裏書きしている。同時に、この物語に通底する死と
セクシャリティの問題を現代的な方法で提示してもいる。なお、ニュー・オー
ダーと「ブルー・マンデー」については、第5章でも取り上げる。

4.2 大学進学と教育制度

さて、この進学クラスでは、通常の大学ではなく、オックスフォード大学お
よびケンブリッジ大学の合格を目指して、生徒に受験指導をする。人種、宗教、
セクシャリティの異なる8名の群像劇という生徒の配置は、成績が良ければ社
会的な障害を乗り越えられるというメリトクラシーの考え方を議論するのに適
している。日本の大学受験事情からみると、できるだけ偏差値の高い大学を目
指すのは当たり前のように思えるが、イギリスではどうやら事情が異なったよ
うだ。例えば、グラマー・スクールの教員たちは皆、戦後に大学教育を受けた
が、オックスブリッジには進学しなかった。「一般教養」（英詩、フランス語、
文化としての映画）を教えるヘクターは地元のシェフィールド大学に、地理教
師の校長はハル大学に、歴史を教える女教師リントットはダラム大学に学んだ。
いずれも北部の大学である。校長の弁によれば、学業成績は良くてもオックス

ブリッジを避けることが「理想的」、つまり、あえて地方の大学を選んで体制に迎合しないことが美徳とされていた。しかし、その校長も自分の学校からはオックスブリッジへの合格者を出したいと望んでいる。

このような変化は、学校に求められるものの変化と関連している。イギリスの教育制度は1988年を境に大きな制度改革があった。ナショナル・カリキュラムが導入され、それまでの地方当局と視学官の裁量で決める方法は廃止されて、全国で同じ教育カリキュラムと到達目標が設定された。また、到達度をはかるナショナル・テストが導入されて、学校別の成績対比一覧表（リーグ表）が公表されることとなった。さらに、学校選びがこれまでの学区制から選択制へと変わり、学校は教育サービスを提供する立場に置かれることになった。教育に市場原理が導入されたのである。そして、地方政府（カウンシル）が大学進学者に対して給付していた奨学金も徐々に廃止された。『リトル・ダンサー』でウィルキンソン先生はバレエ学校の進学者に対してカウンシルが奨学金を出してくれると口にしてトニーに遮られるが、ビリーに支給されるのも同じ種類の資金である。

『ヒストリー・ボーイズ』をメリトクラシー（能力主義、実力主義）とペアレントクラシー（親の教育や財力が子どもの教育を決める）の2つのタームを軸に読み解く井上美雪は、新しい学校制度でセカンダリー教育の鍵を握るのは子どもを私立学校で学ばせるほどの余裕のないミドル・クラスの親だと述べる（78-80）。なぜなら、新自由主義が浸透してミドル・クラスの雇用が不安定になり、その処世術として高い学歴と学力証明が求められるようになったためである。『ヒストリー・ボーイズ』の親たちは学校に文句をつけたりはしないが、皆子どもの受験を応援している。さらに大事な事として、生徒たちは自ら受験勉強に取り組み、オックスブリッジに合格し、専門職を得て、職業的にはミド

ル・クラスの仲間入りをする。いわゆる、ミドルブラウと呼ばれる人々となる。

　しかしそのために、すぐ役立つがすぐに役立たなくなるもの、すなわち受験のコツを身につけるのが良いのか、すぐには必要性を自覚できないがやがては自分の身を助けてくれる学びが大事なのか。前者のような問いが出てくるところに、この映画の肝がある。なぜならこれを受け入れなければならなくなったからだ。一方、人生で何か大変なことがあった時の「解毒剤」としての教養を伝授するヘクターは、井上も述べるように、新自由主義の学校経営で「良い学校」の判断に使われる「数値」にならないものが大事だということを体現する人物である（80-83）。しかし、ヘクターが最後にバイク事故で亡くなるように、こういう考え方は教養主義的なものでもある。数字という現実に直面しつつ、よく生きるための教養を「受け渡せ」（pass）と言うヘクターの遺言にノスタルジアを感じざるを得ないところに、この映画の現代性があるのかもしれない。

　『ヒストリー・ボーイズ』の特進クラスが端的に示すように、人種、宗教、性的嗜好の異なる生徒たちは、「一枚の布から裁断」されてはいない。彼らの生きる社会は「縫い合わせる」ことの方が大事なのだ。問題は、どうやって縫い合わせるのか、だ。おそらく、1本の糸で縫い合わせることは現実的ではなく、複数の糸が必要になるのだろう。

　このほか、リヴァプールを舞台にした『リタの教育』（*Educating Rita*, 1983年, ルイス・ギルバート監督）は放送大学で学ぶ美容師と教える意欲を失った大学教員の関係を描く。大学での学びに夢中になる27歳のリタを通して、大学教員が学びの意味を再発見していく。成績では測れない学びの意味とやりがいを見出していく物語である。

『ヒストリー・ボーイズ』で生徒たちが課外学習に訪れるファ
ウンテンズ・アビー（Fountains Abbey）　筆者撮影

第3章 『リトル・ダンサー』の前史 (2) ——1980年代と1990年代の映画と北部

　イングランドの北部は、1980年代にサッチャー元首相のもとで断行された英国の産業構造改革、すなわち新自由主義的な経済社会政策のために、注目を浴びることになる。南北の経済格差が拡大しているのにもかかわらず、政府が南部の企業を優遇する政策を取り続けたためである。このような中で、『リトル・ダンサー』にも描かれたように、家の外で勤勉に働いて家族を養う、それも危険と隣り合わせの仕事である炭坑夫として文字通り「体を張って」家族を養う男たちが不満を募らせたとしても不思議はない。

　本章では1980年代と1990年代の北部映画を概観するとともに、『リトル・ダンサー』に直接影響を与えたであろう2つの映画、『ブラス！』（*Brassed Off*, 1996年, マーク・ハーマン監督）および『フル・モンティ』（*Full Monty*, 1997年, ピーター・カッタネオ監督）を中心に検討する。

1. 1980年代および1990年代の映画と北部

　イギリス映画にとって、1980年代は冬の時代であった。1984年には観客数、映画館数、スクリーン数が過去最低を記録した（Dyja 7）。その一方で、国際的に高い評価を得る映画も登場した。1982年に米国アカデミー賞で最優秀作品賞および最優秀脚本賞を受賞した『炎のランナー』（*Chariots of Fire*, 1981年, ヒュー・ハドソン監督）、1983年に同最優秀作品賞、最優秀監督賞、最優秀主演男優賞を受賞した『ガンジー』（*Gandhi*, 1982年, リチャード・アッテンボロー監督）、1985年に最優秀助演男優賞、編集賞、撮影賞を受賞した『キリング・フィールド』（*The Killing Field*, 1984年, ローランド・ジョフィ監督）などである。

『炎のランナー』はいわゆる「遺跡映画」——ミドル・クラス以上の登場人物を物語の中心として大英帝国の過去を美化し英国の同質性を強調するノスタルジックな作品群——ブームの火付け役となり、『ガンジー』や『キリング・フィールド』は国際的な関心を描く大作として評価された。このような国を超えた映画製作の時代に、イングランド北部を舞台とするような映画やドラマはテレビでの需要はあるものの、映画関係者の関心を引かなかったものと見える。ホームビデオが普及し、映画館に行くよりも家で映画を楽しむ傾向が強まったことも一因であった。

イギリス映画の巻き返しが始まるのは1990年代に入ってからである。好転の理由としては、米国資本の導入、シネマコンプレックスの拡充、宝くじファンド（宝くじの売上金を芸術文化活動に還元するもの）の導入などがあげられる。

1990年代に入ってある同じ傾向を持つ映画が立て続けに製作されたことは注目に値する。[注1] すべてイングランド北部を舞台としてワーキング・クラスを登場人物にした映画だ。すなわち、1996年に公開されたマーク・ハーマン（Mark Herman, 1954- ）監督の『ブラス！』、1997年に公開されたピーター・カッタネオ（Peter Cattaneo, 1964- ）監督の『フル・モンティ』およびハーマン監督の『リトル・ヴォイス』（*Little Voice*）そして2000年に公開されたスティーヴン・ダルドリー監督の『リトル・ダンサー』である。この4作は、既にリリースされてチャートを賑わせた音楽を取り入れ、実際にそれを「演ずる」場面がある点も共通している。

マイク・ウェインの調査によると、この4作とも米国を本拠地とするカルチュラル・トランズナショナル・コーポレーションズ（Cultural Transnational Corporations 略してCTNCs）が企画を取りまとめている。CTNCs は、米国でニーズのある題材を用いた映画を低予算で製作し、米国経由で世界に売り

出した（Wayne 287）。1990年代の米国では、1993年から放送されて大人気となったシットコム『そりゃないぜ、フレイジャー』（*Frasier*）の登場人物の一人でマンチェスター出身と思しきダフネ・ムーンを通じて、イングランド北部の英語が市民権を得て、テレビコマーシャルなどでも聞かれるようになった（Wayne 300）。ダフネを演じたジェーン・リーヴズ（Jane Leeves, 1961- ）は英国出身の女優としては最高額の出演料を得るようになったというから、その人気ぶりがうかがわれる（Wayne 300）。この「新しい」イギリス像を求めて、米国からイングランド北部を舞台にした題材が注目されるようになった。

　さらに、「ポスト・ヘリテージ映画」というジャンルの研究が、この時期に注目を集めるようになる。これは1980年代のサッチャー政権下で制作されたヘリテージ映画からは疎外され、あるいは周辺化されたテーマや問題関心を扱う分野である。そのような「ポスト・ヘリテージ映画」の問題関心の一つとして、大谷伴子はグローバリゼーションや格差社会に取り残された「貧しい労働者や抑圧された弱者の生活を主題化した映画」をあげ、その一例として『フル・モンティ』に言及している（6-7）。さらに、松本朗はブレア政権以降の文化政策と映画産業の潮流に注目し、ハリウッドの「普遍性」に対するものとしてのイングランドの「特殊性」を商品化して成功した例として『フル・モンティ』と『リトル・ダンサー』をあげる。イングランド北部のワーキング・クラスを描いた映画は、米国や世界市場から見た場合の「特殊性」ゆえにハリウッドの目に止まり、米国メディア業界の資金と配給網によって世界的に公開された（90-92）。つまり、1980年代に底を打ったイギリスの映画界は、1990年代に入ってようやくサッチャリズムの功罪を映画化する契機を得たが、そこには国内的な観客だけではなく、低予算で映画を作りかつ「イギリス」的な印、換言すれば「本物らしさ」を求める国際的な観客の期待にこたえようとするものだった、という

ことになる。このようにして、イングランドの北部像は米国をはじめとする世界的な観客を対象として「商品化」されることとなり、こうした外部の目が逆に北部の表象に影響を与え始めたのである。

このような動きは、『リトル・ダンサー』の映画化にも影響した。脚本を執筆したリー・ホール（Lee Hall, 1966-）はニューカッスルの出身で、BBC のラジオやテレビドラマで活躍していたシナリオライターである。1995年頃から執筆していた脚本の映画化を後押ししたのが、『ブラス！』そして、『フル・モンティ』の成功であったという（Dyja 157-158）。

2.『ブラス！』炭鉱ブラスバンドの快進撃

『ブラス！』は、炭坑夫のブラスバンドであるグライムソープ・コリアリー・バンド（Grimethorpe Colliery Band）の実話に基づく映画だ。ハーマン監督は炭鉱バンドの解散を新聞記事で読み、映画の題材として興味を持ったのだという（Dyja 111）。グライムソープはサウス・ヨークシャーに位置する炭鉱で、『ケス』の舞台となったバーンズリーの近郊に位置する。作中でのブラスバンドの演奏は、すべてこの楽団による。なお、イギリスには炭鉱のブラスバンドはいくつも存在し、炭鉱文化の一端を担っていた。そのようなバンドの中には、ライムソープ・コリアリー・バンドのように、閉山後も活動を続けているものもある。

原作タイトルの "brassed off" という表現は「憤慨した」「気に入らない」「もうたくさんだ」などの憤りを表す表現だが、作品中では"to be brassed"「使い果たす」という意味でも使われる。また、"brass" という部分には"brass band" のように金管楽器という意味の他には「金（カネ）」の意味もある。次に紹介する『フル・モンティ』には、失業中のギャズが「なんとか金を工面しようと

している」("I'm trying to get some brass together. ")（21:41-21:43）と言うセリフがある。このように、タイトルにはいくつかの意味が掛け合わされている。

【あらすじ】　時は1994年。物語はグリムリー・コリアリー・バンドの練習風景から始まる。炭鉱閉鎖の不穏な空気が流れる中、メンバーは練習に身が入らず、指揮者のダニーはおかんむりだ。すると、若い女性が練習室に入ってくる。ダニーの旧友アーサーの孫のグロリアだ。彼女は亡き祖父の楽器フリューゲルを手にしていた。早速バンドと合わせてみると、見違えるような演奏だ。ダニーは気を良くして、早速、週末のサドルワースでのコンペに彼女を誘う。だが、彼女は炭鉱経営者側の人間だった。さらに、ダニーは肺を病み、ダニーの息子フィルは家族に愛想をつかされてしまう。そんな中、早期退職のオファー受諾を巡って行われた組合員投票により4対1で炭鉱の閉鎖が決まる。全国大会への出場が決まっても、炭鉱がなくなるのではバンドの存在に意味はない。そんな時、グロリアが全国大会の費用を提供すると申し出る。バンドはロンドンのロイヤル・アルバート・ホールで開催された大会で見事優勝する。

2.1 1984年炭鉱ストの後日談

　『ブラス！』の公開は1996年で、『リトル・ダンサー』の4年前だ。だが、時代としては『リトル・ダンサー』の10年後の1994年に設定されている。つまり、先に公開された後日談のようにも位置付けられる。かつ、今まさに起こりつつある出来事を映画にしていたことがわかる。『リトル・ダンサー』では欠落している情報なのだが、ビリーがロンドンで『スワン・レイク』の舞台に立つ前に、炭鉱ではこのような事が起きていた。

　『ブラス！』にも1984年のストライキと現在が何度か比べられることがある。

ユーフォニウム担当の副指揮者の妻で炭坑閉鎖に反対する婦人連合で熱心に活動しているリタは夫を「10年前のあなたは、信念の塊だった」（57:38-57:42）とこぼし、トロンボーン担当のフィルは1994年の労働組合幹部が弱腰であると非難する。1984年に1年間続いたストライキの後、炭鉱に何が起きたのだろうか。

　まず、石炭産業のクローズドショップ制が廃止された。これまでの石炭産業では、労働組合員だけが雇用される仕組みだった。だが、サッチャー首相は英国石炭労働組合にこの制度を廃止させ、組合を骨抜きにした。組合は雇用主と雇用条件を交渉し、不利益とみれば争議権の行使が認められていたが（バートン　224）、クローズドショップ制がなくなれば、経営側は組合に属さずに低い報酬で働く労働者を雇うことができる。また、1994年にはサッチャーの次に首相の座に就いたジョン・メージャーが石炭公社（British Coal）を民営化し、石炭公社の事業を引き継いだ英国石炭会社（UK Coal）は採算性の良い炭鉱だけを残して閉鎖した。『ブラス！』で問われているのはこの部分だ。査定人のグロリアがグリムリーにやって来たのも「採算が良い」と経営者側に認めさせて炭鉱を守るためだった。だが、組合員投票の後で衝撃の事実が明らかになる。炭鉱の閉鎖は2年前に決まっていたのだ。経営トップは言う「ミス・モリンズ、石炭は過去のものだ」（1:19:13-1:19:18）と。

　相次ぐ炭鉱の閉鎖で採掘量も減った。第1章でも触れたように、イギリスにおける採掘量は1963年には2億トンあったが、1993年には6,800万トン、2003年には2,800万トン、2013年には1,300万トンとなった。炭鉱労働者数も、1963年の53万人から1993年には1万人、2003年には8千人、2021年には千人未満となっている（DESUG）。なお、2001年以降、イギリスの石炭生産量は輸入量を下回っている。海外から購入する方が安上がりなのだ。また、イギリスは2050年までにカーボンニュートラルの達成を目指している。

グライムソープでは、人口の40パーセント超が坑夫であった。炭鉱の閉鎖が地域経済に与える影響は甚大である。坑夫としての経験やスキルはあっても、非熟練労働者の再就職は時間がかかる。30代、40代となればなおさら難しくなるだろう。さらに、1980年代のイギリスは景気が悪く、失業率が極めて高かった。炭鉱は一時金として2万ポンドを支払ったが、求職活動の世話まではしない。閉山は失業給付に並ぶ日々とほぼ同義である。

　1984年のストで組合の幹部として奔走して有罪判決を受け、借金を返せず、家族が崩壊し、副業の道化業にも嫌気がさして自殺未遂を起こしたフィルを見て、父親のダニーは「一番大事なのは音楽だ」との信念が誤解であったことに気づく。ダニーは優勝トロフィーの受け取りを拒否して「これならニュースになるでしょう」と皮肉を言った後のスピーチではっきりと述べる。

> 　この10年間というもの、政府（this bloody government）はとある産業を用意周到に破壊してきました。その産業とは我々の産業のことです。そして、我々の炭鉱だけではなく、我々のコミュニティーや我々の家庭、そして我々の暮らしまでをも破壊しました。それも、「進歩」と言う名目で。いくばくかのはした金のために行ったのです。（1:41:17-1:41:33. 強調は筆者）

第1章でも触れたが "bloody" の母音は「ブラッディー」ではなく「ブロディ」、"government" は「ガバメント」ではなく「ゴバメント」となる。そして、"this bloody government" とは1994年当時の保守党政権を指す。また、ダニーは "our" を何度も繰り返して強調している。ダニーの使う「我々」は目の前にいるグリムリーの坑夫だけではなく、全国の炭坑夫を指しているものと思われる。そして、この映画が閉山ラッシュとほぼ同時期に公開され、坑夫の気持ちを代弁し

たこと、ロンドンの大会で優勝するだけではなく直接的な抗議の場としたことで、時代の声の表明ともなった。

これが誇張ではないことを映画を見た観客は知っている。炭鉱の閉山は失業とバンドの解散との二つの死を意味している。さらに、金管楽器は人間の息を吹き込んで音を出す。息すること、つまり楽器を吹くことは生きることの比喩でもある。少々大げさな見方かもしれないが、政府が破壊しようとしたのは、産業だけではなく、息をすること、つまり生きることでもあったのだ。

2.2 炭鉱町と共同体

ところで、炭鉱は、経営側も雇用される坑夫も、そしてブラスバンドも男の世界だ。特に坑夫たちは、「ヨークシャーの男は口下手だ」（1:43:52-1:43:57）とグロリアが表現するような、ぶっきらぼうで、無骨な男たちである。こうしたステレオタイプは、年齢が上の坑夫に特に当てはまる。彼らの毎日は、仕事、バンド、パブの繰り返しで、男同士でつるんで動く。極めてホモソーシャルな世界なのだ。こうした「男らしさ」を保証する居場所は家庭と区別することにより成り立っており、女性のいるべき場所は家庭だと信じている。だが、妻の尻に敷かれているというのが実情だ。夫が当てにならないなか、妻たちはサービス業のパートで家計を助けている。スーパーのレジで現金の持ち合わせが足りなかったサンドラに、レシートと共にそっと5ポンド札を渡す場面は、困った時は助け合う共同体の精神がまだ生きていることを示す。

彼らはまた、経営者を敵と見なしており、ここにはミドル・クラス対ワーキング・クラスの対立が繰り返されている。しかし、『ブラス！』はそこに、一捻りを入れた。グロリアである。彼女は、元バンドリーダーのアーサーのフリューゲルを受け継ぐ名手として、「伝統的に男性のみ」のバンドへの参加が

特別に認められる。彼女を見る男性団員の視線は、かなり露骨だ。グロリアは高等教育を受け、専門知識を持ったホワイトカラーとして街に戻ってきたが、実は経営側が雇った採算調査の調査員である。彼女はバンドのメンバーと話す時と経営側と話す時とで、英語を使い分けている。

このように、経営側でも坑夫側でもある「ダブルスパイ」的な立場を女性に与えた本作において、教育と仕事によってミドル・クラスの仲間入りをしたグロリアが経営側に裏切られるプロットには、階級の対立というよりも女性の仕事を軽視する経営者側の男性中心主義イデオロギーが顕著である。ところがグロリアの切り替えは早い。彼女は、二重の裏切りによって得た退職金を「ぱーっと使う」（"brassed off"）、つまりロンドンの全国大会に参加する費用を、飲み代込みで拠出すると申し出て坑夫の側に戻ってくる。そこに、救いの女神もしくは内助の功ではなく、経営側への異議申し立ての機会を見つけるのである。

2.3 屋外にこだまするブラスバンドの響き

『ブラス！』は炭鉱バンドの話であるため、映画の目玉は演奏シーンである。ペナイン山脈の田舎町の通りを練り歩きながら演奏を競うサドルワース（Saddleworth）のウィット・フライデー・ブラスバンド・コンテスト【注2】の場面は、夏至近くに行われることとなだらかな坂道のある地形のために、起伏のある田園の美しさと演奏を堪能できる。全国大会の準決勝が行われるハリファックス（Halifax）のピース・ホール（Piece Hall）【注3】でのシーンは、屋外のシーンであることも手伝って、開放感や爽快感がある。特に後者は、バンドの命運をかけた準決勝と組合の投票開票日が重なっており、カメラは双方の場面や関係者の様子が切り替わって同時進行する様子を映し出すため、スリリングで見応えがある。

本映画はしばしば、労働組合の話し合いや団体交渉の様子の他、炭鉱の施設そのものをスクリーン上に映し出す。映画は鉱内で仕事中の坑夫の場面から始まり、万策尽きたフィルは、坑内の施設からぶら下がってもがいているところを警備員に見つかる。つまり、こうしたショットは、単なるエスタブリッシング・ショットではなく、バンドが依拠する場所と文化の現在をフィルムに収めている。と同時に、閉鎖が決まった炭鉱の使い道をアイロニカルに描いてもいるのではないだろうか。炭鉱という産業遺跡を背景にして、映画は制作された。

　映画のモデルになったグライムソープ・コリアリー・バンドは現在も活発な演奏活動を続けている。炭鉱がなくなり、新しいスポンサーとなっても名前はそのままだ。これが映画の効果であることは、ほぼ間違いない。なお、イギリス各地にはもともと炭鉱を母体としたブラスバンドがいくつも活動を続けている。もはや坑夫が演奏するバンドではないが、政府はバンドの息の根を止めることはできなかったのである。

3.『フル・モンティ』男の沽券、男と仕事

　1990年代イギリス映画で伝説的な映画と言えば、間違いなく『フル・モンティ』である。タイトルの「フル・モンティ」とは「すっぽんぽん」のことだ。イングランド北部のしがない失業者を描くコメディで、文字通り「裸一貫」巻き返しを企む男たちの話だ。この映画がなぜ伝説なのかと言えば、比較的低予算の映画であるにもかかわらず、興行的に大成功したためである。予算規模220万ポンド（約4億円）の映画が、イギリスだけで5,232万ポンド（約94億円）の興行収入を稼ぎ出した。[注4] 加えて、米国では4,590万ドル（約69億円）、英米以外で2億1,100万ドル（315億円）の興行収入を叩き出した。[注5] さらに伝説的なのは、大掛かりな宣伝ではなく口コミで人気が広がった映画だという点だ

(Dyja 100)。この映画はイギリスではCert15のレーティングがついたが、「大人」が楽しめるコメディである部分が、かえって観客に受けたのかもしれない。

【あらすじ】 かつて隆盛を極めたスチール産業も下火となった南ヨークシャーのシェフィールドに住むギャズは、離婚した妻から息子ネイサンの共同親権の養育費として700ポンドの支払いを要求されている。金策の当てはない。そんな時、米国の男性ストリップ集団、チッペンデール・ダンサーズのショーが女性に大人気であると知り、自分もストリップで一儲けしようと企む。ダンサーを集め、練習を始めるが、なかなか動きが揃わない。しかし、グループ名は「ホット・メタル」、ショーは2週間後に決まった。本番に向けて、スチール工場の跡地でリハーサルをしていたところを警察に見つかって署に連行され、地元新聞のトップ記事になってしまう。これが宣伝となり、400枚のチケットが売れた。女性たちが歓声をあげ、警官が巡回する中、警察官のステージ衣装を身につけた6人の男たちのショーが始まる。

3.1 ゆらぐ男らしさ

　『ブラス！』と同様、『フル・モンティ』も群像劇である。その他にも、サッチャリズムの功罪、地域産業の荒廃と失業、コミュニティーの危機、将来に希望を持てない中年男たち、男の沽券を捨てた金儲け、しかし最後には周囲に認められる結末など、さまざまな共通点がある。その反面『ブラス！』がフィルやダニーを通じて政治的に明白なメッセージを発したのに対して、『フル・モンティ』には政治的な意見を明確に述べる人物はいない。

　さらに二作が大きく異なる点は、ジェンダー表象である。『ブラス！』には異性愛に疑問を呈するような登場人物はいない。だが、『フル・モンティ』は、

産業資本主義の構造が保てなくなり工場を頂点とする男らしさの神話が維持できなくなる中で、改めて「男らしさ」とは何かという問いを提出している。この点が、『リトル・ダンサー』と共通する点だ。

　稼げない男たちは辛い。失業のため、稼ぎ頭としてのジェンダーロールが揺らいでいる。主人公のギャズは、工場の管理職として働く離婚した妻に息子を取られそうになっている。そのくせ、仕事を選び、妻の会社で低賃金の非熟練仕事に就くことを拒む。ギャズの親友デイヴは失業してから仕事にも夫婦関係にも自信がない。デイヴの体型は、はたから見ると平均的イギリス人男性の体格に見えるが、ストリップには太り過ぎていると思い込んでいるために、ボディー・シェイミングに苦しんでいる。初老の黒人ダンサーであるホースは、若い頃にソウルなどのダンスブームで鍛えたからであろう、誰よりも動きが軽い。だが、サイズに自信がない。6人のダンサーの中で異色なのはジェラルドだ。彼は管理職クラスで、戸建て住宅に住むれっきとしたミドル・クラスの男性である。しかし、自分が失職したことを半年経っても妻に伝えることができない。妻は、愛情ではなく経済的な理由で自分との結婚生活を続けていると思い込んでいるのだ。しかし妻は、失業を隠し通した夫の嘘のために夫婦関係を解消する。

　失業は、セクシャリティにも疑問を投げかける。ギャズは男性ストリップで一儲けしようと企むが、チッペンデール・ダンサーズのような体づくりに時間と労力をかけた自意識の高いボディの持ち主を「オカマ」（poof）と決めつけ、ストリップを「女性の観客のみ」という条件で考えている。男性の前で裸になることはホモフォビアを呼び起こすためだ。[注6]ロンパーは、地元のバンドでフリューゲルを吹く以外は、年老いた母の介護と生活を維持するための夜勤の仕事で忙しい。おそらく自分のセクシャリティに関してあまり向き合ってこなかったのだろうが、ダンスの練習を通じてガイと付き合うようになる。ガイは

ダンスが下手で音感もないが、チッペンデール・ダンサーズに一番近い体型の持ち主で、彼の曖昧なセクシャリティも自覚を得ることになる。

　ところで、実際のところ、6人の中年ダンサーよりも冷静で大人な振る舞いと感性を持っているのはギャズの息子のネイサンではないだろうか。ギャズはネイサンを連れて歩き、息子の面倒をみていると考えているが、オーディションやリハーサルひいてはショーのデポジットにいたるまで、実際はネイサンがマネージャーとして父親の面倒をみているのである。当の父親はそのことに全く気づいていない。

　このような過渡期の「男らしさ」を、笑いとともに提示し、多様性を認める方向でまとめているのが『フル・モンティ』の魅力ではないかと思われる。最後の場面で、観客の女性たちは「脱げ、脱げ」（"Off!" "Off!"）と歓声を上げ、励まし、大興奮で素人男性のショーを盛り上げていく。この場面では、男性が見る女性は見られるという家父長主義的な見る見られるの構造は破綻し、双方が場を支える構造へと移行している。さらに付け加えるなら、「帽子はそのままでいい」というトム・ジョーンズ（Tom Jones, 1940- ）の歌詞を無視して帽子を放り投げる瞬間を背後から写す静止画にとどめる最終場面は、見る見られるの関係を見ている観客というメタシネマ的な関係を提示することで、外側からこの世界を覗き見る者の視線も巻き込んでいる。

3.2 ケン・ローチへのオマージュ

　『フル・モンティ』のプロデューサーであるユーベルト・パゾリーニはケン・ローチ監督の『レイニング・ストーンズ』（*Raining Stones*, 1993年）に感銘を受けて、それを群像劇仕立てのコメディとすることを思い立ったのだという（Dyja 101）。『フル・モンティ』はまた、ローチ監督による1981年の映画でシェ

フィールドを舞台にした『まなざしと微笑み』（*Looks and Smiles*）からの影響も顕著であり、15年後の現状報告とも呼べるような内容である。

　マンチェスターの北東部にあるミドルトン（Middleton）に住むカソリックの家族を中心に展開する『レイニング・ストーンズ』は、金策尽き果てた主人公ボブが友人と羊を泥棒し、その羊の肉を肉屋やパブで売りさばく場面から始まる。カソリックのボブは7歳になった娘コリーンの最初の堅信礼を祝ってやりたい一心で、高利貸しから金を借りるが、たちまち利息が膨らんで取り立てを受けるようになる。『ブラス！』のフィルも、これと似たような状況にあったのではないだろうか。「石が降ってくる」というタイトルにもあるように、次々と生活を脅かす問題が起こり、心ならずも犯罪に手を染めるボブの物語は、見ていて息苦しくなるほどだ。

　実は、この主人公のボブ（を演じた役者）が『フル・モンティ』に登場する。ダンサーのオーディションを受けに来た最初の人物である。セルジュ・ゲーンズブールの「ジュテーム・モワ・ノン・プリュ」に合わせて服を脱ぎ始めるが、途中でやめてしまう人物だ。子どもを外に待たせているというこの人物は、子どものことを考えたら、とてもストリッパーにはなれなかったのである。

　『レイニング・ストーンズ』は米国公開にあたり、英語の字幕がつけられた。字幕なしでの理解が難しいと判断されたためであろう。ダフネ・ムーンのマンキュニアン英語のようにはいかなかったのであろう。

第4章　曇天の下、ぬかるみの中、ボールを追う
──フットボールと北部の映画

　現在ロイヤル・バレエ団で最高位のプリンシパル・ダンサーを務めるマシュー・ボール（Matthew Ball, 1993- ）は、かつて次のように語ったことがある。「リヴァプールで育った子どもの頃、バレエをやっているといじめられた。それも、女子のいじめがひどかった。でも、『リトル・ダンサー』が出てから、それがなくなった」と。彼は、25歳のビリーが踊るマシュー・ボーンの『スワン・レイク』を踊ったこともある。たかが映画とは言えない影響力が、『リトル・ダンサー』にはあるのかもしれない。

　バレエはフットボールの対極にあるものではない。当のビリーもフットボールで遊ぶ。とは言え、芸術の世界を目指す男子の物語は、イングランド北部の映画としては珍しい。だが、典型的な「男らしい」スポーツであるフットボール選手を目指す映画はいくつか制作されている。

　『リトル・ダンサー』と同じ年に劇場公開された『リトル・ストライカー』（*There's Only One Jimmy Grimble*, 2000年, ジョン・ヘイ監督）は、前者ほど話題にも商業的成功も得られなかったが、ワーキング・クラスの男子がさまざまな困難を克服して夢を実現させるという点では共通点がある。また、華やかなプレミア・リーグの世界での活躍を夢見るメキシコ出身のアメリカ不法移民を主人公とした『GOAL!』（*GOAL!*, 2005年, ダニー・キャノン監督）は、おそらく「外部の目」を意識した映画であるからだろうが、典型的なイングランド北部の文化や地理への入門にはうってつけの映画である。さらに、フットボールの人気の文化的な影響力を『エリックを探して』（*Looking for Eric*, 2009年, ケン・ローチ監督）に見る。

1. 階級とスポーツ

　階級社会のイギリスでは、階級によって嗜むべきスポーツの種類が異なる。ラグビーやクリケットはミドル・クラスの男子、フットボールはワーキング・クラスの男子の嗜むもの、という考え方は今でも健在である。とはいえ、このような位置付けが定着したのは、19世紀も後半のことであるらしい。もともとはミドル・クラス男子のスポーツであったフットボールが次第にワーキング・クラスにも広まり、後者のチームが強くなることで、さらに広まっていった（下楠他 249-250）。

　イングランドのフットボール協会（Football Association）の調査によれば、何らかの形でフットボールを楽しむ国民は約1,200万人で、これは全人口の約5分の1にあたる（FA）。プロアマ男女含め、チームとして登録されている数は4万を超え、この数は次点のブラジルの2倍以上の数であると言う。過去4週間に2回以上行ったスポーツに関する統計では、回答者の5パーセントがフットボールと答えており、チームスポーツとしては最も人気が高い（Audickas 5）。ラグビーやクリケットなどイギリス発祥のスポーツは他にもあるが、フットボールの人気には遠く及ばない感がある。

　フットボールの歴史で、イングランドの北部は先陣を切っていた。1857年、シェフィールドF.C. がプロチーム第1号として設立された（Jolly）。これは、1863年に結成されたフットボール協会よりも6年も早い船出であった。1992年にプレミア・リーグが設立されてからは、名実共に世界的なフットボール・リーグの中心地となった。今日、イングランド北部にはプレミア・リーグの強豪チームの本拠地が多数存在する。

　イングランド北部と言えばフットボール。イングランドの北部を舞台にした

マンチェスターにあるナショナル・フットボール・ミュージアム（写真奥のガラス張りの建物）　筆者撮影

映画の中でも、フットボールがしばしば話題にのぼるだけではなく、フットボールがテーマの映画が制作されていることにもそれは明らかだろう。もちろん、炭坑夫が下宿の女主人に惹かれてラグビー選手に転職する『孤独の報酬』や、少年院に収監中の若者がクロスカントリー走に才能を見出す『長距離走者の孤独』などの作品がないわけではない。しかし、ブリテッシュ・ニュー・ウェイヴはワーキング・クラスの生活をミドル・クラスに向けて提示すると言う構造があったため、フットボールは敬遠されたのかもしれない。

　フットボールなどスポーツをテーマにした映画に共通の要素として選手が大きな困難に直面しながらも、これを克服して成長するプロットがある。観客の共感を得やすいプロットである。また、フットボールに関連した音楽やファッション、スタジアムやクラブハウスなど、映画はフットボール文化を間近に見て学ぶ格好の素材であると言える。ここでは、こうしたフットボール文化を詳

しく紹介する余裕がないのだが、興味のある方は是非映画を見て確認してほしい。

　男子フットボールの世界は、ホモソーシャルな世界だ。このホモソーシャルな世界で競争し、勝ち抜いていく物語には、必ず恋愛があり、恋愛対象としての女性が登場する。つまり、異性愛が規範となっている。同時に、家族関係に目を向ける。「男らしさ」は家族、仕事、恋愛、そして友情の面から構築されている。ゴールを決めるとは、この全ての関係を順調に進めることとほぼ同義である。

2.『リトル・ストライカー』少年、夢をかなえる

　ケン・ローチ監督の映画『ケス』中で、体育の授業でフットボールをするエピソードがある。寒い冬空の下、屋外のグラウンドで行われるのだが、体育教師は1人でやる気満々である。生徒たちをマンチェスター・ユナイテッドとトッテナム・ホット・スパーズの2チームに分け、自分はユナイテッド側に入り、生徒相手に本気でゴールを狙う。体育教師は自らを往年の名選手ボビー・チャールトン（Bobby Charlton, 1937-2023）と称して、ご満悦である。雲の低い灰色の冬空の下、学校のぬかるんだグラウンドでフットボールを行う場面は『リトル・ストライカー』にも登場する。

【あらすじ】　主人公のジミーは、オールダム（Oldham。マンチェスター市北東部）のカウンシル・フラット（低所得者層のための公営住宅）にタクシー会社で電話応対と配車の仕事をする母親と共に住んでいる。ジミーの悩みは、母親の男関係と、不安症のために人前ではうまくプレイできないこと、そしてマンチェスター・シティのファンであるというだけでいじめられることだ。そん

なある日、新しいフットボールのコーチとしてエリック・ウィラルがグリーノック・ハイスクールに赴任する。ウィラルの指導のもと、マンチェスター学校対抗選手権を目指した練習が始まる。ジミーは近所の年配女性から「魔法のスパイク」を譲られ、試合で奇跡的なゴールを決めると、めきめき頭角をあらわす。学校は順調に勝ちあがり、決勝戦に進む。だがここで、再びチームメイトのゴードンから嫌がらせを受ける。「魔法のスパイク」を運河に捨てられてしまうのだ。ウィラル監督が急遽新しいスパイクを準備してくれるが、ジミーは調子が出ない。しかし後半は気持ちを切り替え、チーム自体も盛り返して見事優勝する。そして、ジミーはシティからのスカウトを受ける。

2.1 フットボールとファンのアイデンティティ

『リトル・ストライカー』がシティ・サポーターの目線で作られていることは間違いがない。グリーノック校のミニバスの色やユニフォームの水色はシティのブルーに酷似している。また、ハイスクール選手権の決勝戦は、撮影当時のシティのホームグラウンドであるメイン・ロードのスタジアムで撮影された（2003年よりシティは新スタジアムを使用）。さらに、本作は憧れのシティからスカウトを受ける形、つまり優秀な人材がユナイテッドに流れるのを阻止した形で終わる。決勝戦の後でユナイテッドのスカウトに「ユナイテッドよりもいいクラブなんてないだろう」（1:40:05-1:40:07）と言われたジミーはすかさず、「マン・シティ」と答える。

グリーノック・ハイスクールでの勢力図がサポートするフットボールチームによって決められているというのは、はたから見ると荒唐無稽な話のように思える。しかし、マンチェスターのチーム同士がどちらかのホーム・スタジアムで激突する「マンチェスター・ダービー」の興奮と緊張感は特別なものがあり、衝突を避けるための努力を警察当局だけではなくクラブ側も行うことから考え

ると、浮世離れしていると一掃できないかもしれない。また、シティのサポーターがいじめられるという構図には、両チームの成績が関係している。1980年代1990年代のシティは万年リーグの下位に甘んじ、この映画が公開された当時は下のリーグに降格となっていた。一方のユナイテッドは4回のリーグ優勝を飾るなど絶好調だった。ユナイテッド・ファンの生徒の「弱い者いじめ」は、実際のリーグ成績を反映している。

　また、早い段階から国際的な選手を入れて世界的な名声を獲得したユナイテッドの経営手腕と、地元のワーキング・クラス層がもっぱらの支持層であるシティとの間には、単に「好き嫌い」を超えた帰属意識やアイデンティティの問題が絡んでいる。映画からうかがわれるように、ゴードンの家族に代表されるユナイテッドのサポーターが自営業で羽振りが良いのに対して、シティ側の登場人物は公営住宅に住み、中にはジミーに魔法のスパイクをくれる老女（後にシティの元選手ブルーワーの母親であることが判明する）のように、無断で公営住宅に住み立退く先がないために凍死を選ぶ者もいる。さらに、ユナイテッドのサポーターにプロテスタントが多いのに対し、シティのサポーターはカソリックが多い、というような宗教的な違いもあるらしい（Bradshaw）。このような様々なライバル意識のせいか、熱狂的なシティ・サポーターとして知られるノエルとリアム・ギャラガー兄弟を主要なメンバーとするオアシス（Oasis. ロックバンド。今は解散してソロ活動を行っている）は、集客数に勝るユナイテッドのスタジアムでは決してコンサートを行わなかったのだという。

2.2 フットボールがうまく行けば人生もうまく行く？

　学校選手権での優勝は、ロマンスの成就という結末にも繋がっている。ジミーは同じ団地に住むサラのことが気になっている。学校でいじめっ子から強制さ

れてキスしてしまったために、さらにややこしいことになっている。だが、選手権に優勝しシティにスカウトされることで、サラとの関係がうまくいく。さらに、ジミーの母親のドナも、ジミーの成功をきっかけとして、本当に惹かれている人物と復縁する。フットボールでの成功は異性愛の成就にも繋がっている。本作はセクシャリティではなく、ローカルなライバル意識をもとにプロットが展開する点が『リトル・ダンサー』とは異なっている。

　だが、本作はジミーのその後のフットボール人生が順風満帆であると請け合う映画にはなっていない。プロで成功しても、コーチのウィラルのように不本意な形で現役を辞めて中学生の指導をする者もあるし、シティのスタジアムでプログラムを売る盲目の元選手ブルーワーのように病気で選手生命を絶たれる可能性もある。作品中で生徒たちが名前を口にするデイヴィッド・ベッカム（David Beckham 1975- ）のような華々しい活躍をするものもあれば、ポール・ガスコイン（Paul Gascoigne 1967- ）のように、天才的なスキルを持ちながらも競技生活に伴う精神的な重圧に選手生命を左右される場合もある。

　この映画の魅力はむしろ、フットボールで競う多くの中学生や高校生が夢見るように、フットボール選手権を勝ち抜いていく快進撃にあるのではないだろうか。また、スカウトを受けてのシティ行きは、16歳で義務教育を終えて就職するジミーの自立を促すプロットであると理解される。これまでの活躍が魔法のスパイクによるものではなく、自力での活躍であったことをジミー自身が納得するプロットは、ジミーが選手としても人間としても成長する機会を与えてくれる選択肢として提示されている。

　なお、マンチェスター・シティは2008年にオーナーがかわり、豊富な資金力を頼みに大規模な補強を行った。その結果、リーグ成績は飛躍的に改善した。この映画に描かれたような時代は去り、おそらくはそのファン層も変化してい

ることだろう。

シティ不遇の1980年代90年代のスポンサーが日本のブラザー工業であり、ユニフォームには"brother"がプリントされていたことを最後に付け加えておきたい。一方のユナイテッドのスポンサーも日本の企業、シャープであった。

3.『GOAL!』メキシコ移民、ニューカッスルでゴールを決める

国際サッカー連盟（FIFA）公認映画で、アディダス等のスポーツブランドの多くが協力し、オアシスやカサビアンなどフットボール好きを公言するイギリス人ミュージシャンの楽曲をふんだんに使用して、アラン・シアラー（Alan Shearer, 1970- ）やデイヴィッド・ベッカムなど実在のフットボーラーがカメオ出演を果たす豪華なスポーツ映画である。

【あらすじ】　映画はメキシコ出身のムネス一家が法を侵して国境を超える場面から始まる。入国すると一家は不法移民のままロサンゼルスに暮らし、長男のサンティアゴは地元のクラブでプレイしている。ふとしたことで、元ニューカッスル・ユナイテッド選手のグレンにフットボールの才能を認められ、入団テストを勧められる。父親からは大反対されるも、祖母の支援で英国に渡る。入団テストでも、入団後もさまざまな失敗を重ねるが、ムネスの最大の弱点は呼吸器系に不安を抱えていて吸引器を手放せないことと、それをひた隠しにしていることだった。やがて、チームメイトにも首脳陣にも呼吸器系の問題が知られる時がくる。しかし、ムネスはその後、むしろ周囲の信頼を得てクラブに残ることになり、途中出場した試合で初ゴールを決める。レギュラーとして出場した試合では、見事に決勝ゴールを決めてチームに貢献する。そして、レギュラー獲得のために死に目に会えなかった父親も、実は、バーのテレビで息子の試合

を見ては周囲に自慢していたことを知る。

3.1 ニューカッスルの街並み

　『GOAL!』最大の魅力は、米国ロサンゼルスで育ったヒスパニック系不法滞在者のフットボール選手が本場クラブのニューカッスル・ユナイテッドのリーグ優勝に貢献してチャンスを掴むサクセス・ストーリーである。カリフォルニアの青い空と青い海を離れ、ニューカッスルは常に曇り空で北海に面した海は灰色で冷たい。クラブのトライアルでは、ぬかるみに足を取られて実力を発揮できないまま終わるなど、米国とは違う本場の厳しさがまず強調されていく。

　この映画は随所で、クラブの本拠地であるニューカッスル・アポン・タイン（タイン川沿いのニューカッスルの意味）の街並み、練習用ピッチ、郊外の海岸線などの風景を映し出す。俯瞰を多用した風景描写はスクリーン上にスピード感を生み出しており、そのスピード感が映画のトピックと合っている。だが、ニューカッスルはいわゆる「風光明媚」な観光都市ではなく、基幹産業であった石炭産業をメインとした造船業や製鉄業などの重工業からの産業構造転換中のワーキング・クラスの街だが、映画はこうした社会状況を憂えるよりもむしろ、ニューカッスルを「フットボールの街」として再定義し、観光振興をはかっているかのようだ。海岸や空からのロングショットを巧みに取り込み、この街を歴史と新しさが混在するダイナミックでモダンな街であり、きらびやかで新しいスタジアムでの試合が終わればナイトクラブやバーなどで都会の生活を満喫できることを宣伝している。

　イングランド北部の都市は21世紀に入ってから再開発が進んでおり、老朽化した倉庫群や工場を壊して都市型住宅や公園などがお目見えしている他、21世紀的な建築資材を用いたユニークなデザインの新しいランドマークをいたると

ころに見つけることができる。ニューカッスルでも、定番のタイン・ブリッジ（タイン川にかかる鉄橋）に加えて、ミレニアム・ブリッジやセージ・ゲイツヘッド（複合芸術施設）など、新しいランドマークがお目見えしている。こうした最先端の建築に加えて、北海海岸線や伝統あるクラブハウスとその環境などを映し出すことで、フットボール観戦のついでに観光もできる街であることを伝えている。地元の街並みや風景、つまりイングランド北部をスクリーン上に「見せて」くれるところが、イングランド北部を映画で紹介する本書の目的に『GOAL!』がうってつけである理由である。

3.2 ジョーディー

　さらに、ニューカッスル近郊の「ジョーディー」にも意識的である。「ジョーディー」とはタイン川周辺に住む人々のことを指すと同時に、その人々が話す独特の英語を指す。ニューカッスルが外部の人々の目にどう写るかを意識した演出は、到着したムネスを迎えるグレンとの会話にも明らかだ。

　　グレン: トゥーンへようこそ。
　　ムネス: トゥーンって？
　　グレン: ジョーディーが住むところさ。
　　ムネス: ジョーディーって？
　　グレン: トゥーンに住む人たちのことさ。(27:40-27:52)

グレンの説明は堂々巡りだ。「トゥーン」(toon) とは「タウン」(town) をジョーディー流に発音したものである。英語の"au"という発音がジョーディーでは"u"の長母音化すると同時に、抑揚のある流れるような発音になる。このため、こ

の地域の英語は「ジョーディー・トゥワング」と呼ばれることもある。

　また、『GOAL!』には、当時はまだ現役だったアラン・シアラーがカメオ出演している。シアラーはニューカッスル近郊のゴスフォース（Gosforth）生まれで、ポジションはフォワード。そのキャリアの後半に当たる1996年から2005年のシーズンを故郷のチームであるニューカッスル・ユナイテッドでプレイした。ほとんどファウルを取られたことがないクリーンなプレイスタイルで知られ、イングランド・ナショナルチームのキャプテンを務めたこともある。引退後はメディアを中心に活動しており、リーグ戦の勝敗をダイジェストの形で放送するテレビ番組「マッチ・オブ・ザ・デイ」（BBC1）にも出演する。番組によってはジョーディー英語を披露することもあるようだ。

4.『エリックを探して』パスをつなげる

　フランス生まれで元マンチェスター・ユナイテッドの名フォワード、エリック・カントナ（Eric Cantona, 1966- ）本人が製作者に名を連ねると同時に登場人物の一人として出演している。カントナは気分屋で予測不能かつ御し難い性格と言動で、どのクラブでも問題を引き起こし、思ったような活躍ができなかった。そのカントナが、背番号「7」を任され、チームに最高のリーグ成績をもたらしたのがユナイテッドである。このカントナを崇拝するのが、本作の主人公で郵便配達人のエリック・ビショップである。

【あらすじ】　主人公エリックは、最近ますます子どもたちの行動に悩まされるようになった。長女のサムから、卒業論文を仕上げる時間が必要だからと娘デイジーの保育園へのお迎えを依頼された。エリックの役目は、保育園から引き取ったデイジーを元妻のリリーの元へと送り届けることである。これをきっか

けに、古傷が痛み出す。エリックにはリリーと乳飲み子のサムを残してある日突然家出して連絡を絶ったという過去がある。一方、家には他の男と出奔した再婚相手の連れ子が2人いる。この2人は異父兄弟なのだが、反抗期真っ盛りで義理の父親など相手にしない。悩めるエリックの想像の世界に登場するのが、「キング・エリック」ことカントナである。カントナは話を聞き、助言を与え、時にはともに考えて困難に伴走し、主人公は自信を取り戻して行く。だが、息子2人が犯罪組織のボスに騙され、自宅が犯罪の隠れ蓑にされるに至って問題が一気に深刻化する。とうとう郵便局員仲間に事情を打ち明けて協力を求め、「カントナ作戦」なるものを実行する。殺傷兵器ではなく、相手に恥をかかせることで社会的な制裁を受けさせるのが最も効果的な罰則であるとの原則のもとに立案されたこの方法は成功し、義理の息子2人は犯罪組織から離れる。一人娘も無事に大学を卒業する。

4.1「かもめ発言」

　プロットの点から言えば、本作の見所はカントナ本人が出演してエリックの心の声の聞き役となること、そしてエリックの継子を苦境から救う「カントナ作戦」の二点である。カントナが過去にいろいろと問題を起こしており、その代償も払っているからこそ、アドバイザー役が説得力を持つと言えるのかもしれない。その「過去」として、本編は「かもめ発言」をフィーチャーする。1995年1月25日のクリスタル・パレス戦において、レッドカードで退場しようとするカントナに対し、クリスタル・パレスのファンであるマシュー・シモンズがヘイト発言を浴びせかけ、これに激怒したカントナは飛び蹴りで応答した。この「飛び蹴り事件」の結果、カントナはクラブからシーズン全試合出場停止の処分を受けた。フットボール協会からは9ヶ月の出場停止と2万ポンドの罰金、

また裁判所からは2週間の禁固刑（後に120時間の社会奉仕活動に減刑）が課された。

　「飛び蹴り事件」をめぐる判決を受けての記者会見においてカントナは、「かもめがトロール船を追いかけるのは、イワシが海に放出されるのを期待しているからだ」と述べて直接の応答を避けた。カントナは群がる記者をカモメに、自分をトロール船に例えて、イワシというご馳走を放出する気はない、と述べたのだ。

4.2 すべては美しいパスから始まる

　観客との暴力沙汰を起こした選手が、なぜそれほどファンから慕われるのか。正直なところ、腑に落ちないところもある。しかし、ユナイテッドのファンにとって、カントナがいかに絶対的な「キング」であったかが分かる鍵が、アウェイへの「遠征」と称された「カントナ作戦」に向かう観光バスの中で歌われる応援歌にある。この応援歌はキリスト教の讃美歌312番「いつくしみ深き」（"What A Friend we Have in Jesus"）の替え歌であろう。讃美歌312番は、讃美歌の中でも最も頻繁に歌われるナンバーのうちの一曲である。ファンにとっては甘美なゴールでユナイテッドに勝利の女神を呼び込む選手、それがカントナなのである。

　また、エリックが配達をしながらカントナにインタビューをする場面も見逃せない。主人公のエリックはカントナの大ファンで、寝室はまるで中学生か高校生の部屋であるかのようにカントナのポスターや切り抜きで飾られている。それだけではなく、エリックはカントナの美技の全てを記憶しているようだ。次から次へと、カントナのドリーム・ゴールについて語る。それに合わせて、映画は約5分間にわたってカントナのゴールのリプレイを見せていく。カント

ナの現役時代を知らない視聴者も、ユニフォームの襟を立てた独特の立ち居振る舞いと、ゴールを狙う抜群のセンスを目撃する。しかし、カントナ自身が最も誇りに思っているのは、ゴールではなく「パス」なのだと言う。いいパスが出せた時こそ最高の気分になる。

そのエリックの助け（パス）もあって、リリーとの関係もうまく行き、子どもを抱えながら大学に通っていた娘も卒業する。息子たちも、マフィアと手が切れる。エリックは、人生の後半になって、仕事への意欲、親子関係、恋愛関係を立て直し、映画が始まった時よりはずっといい場所にいる。エリックの男らしさ、もしくは自信は回復されたと言える。

4.3 郵便配達人エリック

本作は、フットボール選手を直接に取り上げた映画ではないが、男らしさやホモソーシャルな関係について、前2作とは異なった状況を提出している。そのことについて、最後に述べたい。

エリックの職業は郵便配達人である。イギリスと言えば、赤い筒型の郵便ポストがよく知られている。サービスは「ロイヤル・メール」（Royal Mail）という郵政公社が行っていた。郵便物の配達は非常にスムーズで、日曜日と法定の休日以外には配達があり、1等郵便物（First Class deliveries）は翌日に、2等郵便物（2nd Class deliveries）は4日以内に配達された。イギリスは1980年代以降、電気ガス水道を含むさまざまな公的サービスを民営化してきたが、21世紀に入ってとうとう郵政公社も民営化されることになり、2006年には民間の会社の郵便事業への参入が許可された。この映画が公開された2009年には郵政事業を部分的に民有化する法案が提案されていた。政府が全ての持ち株を売却して完全に民営化されたのは2015年のことである。

『ニューズウィーク』誌のコリン・ジョイスは、郵政民営化の過程で郵便が期日通りに届かない様子を報告している。実は、映画にもエリックが配達しなかった郵便物が自宅の戸棚から大量に見つかるという場面がある。何らかの理由で配達を怠ったのだ。主要サービスの民営化が国民生活に及ぼす影響に関して、ケン・ローチは『ナビゲーター：ある鉄道員の物語』（*The Navigators*, 2001年）でも取り上げているため、ここではあまり深入りはしていないのだが、郵便配達人のネットワークを切り刻むように進められる郵政民営化を背景にこの映画を見るとき、観光バスを3台も乗り付けて実施された「カントナ作戦」のような連帯感は、ひょっとすると今ではもう過去のものなのかもしれないことに思い至る。カントナ作戦はユナイテッドのファンだからではなく、エリックを助けようという郵便夫仲間の連帯が実現させた作戦だからだ。

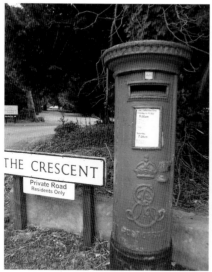

ロイヤル・メールの郵便ポスト　筆者撮影

第5章　ロンドンに抗って

　『リトル・ダンサー』のビリーはロンドンのバレエ学校に入学する。そして、最後にはロマンティック・バレエの傑作『白鳥の湖』の大胆な書き替え版であるマシュー・ボーン『スワン・レイク』の主役のひとりである「スワン」をロンドンで踊る。つまり、映画はロンドンこそが芸術の中心であるという価値観を提示する。映画自体も、ロンドンで制作されている。一見当たり前のように思えるが、このような考え方は、資金的にも芸術的な水準も高いロンドンとイングランド南部に対して、イングランド北部は資金的にも恵まれず芸術的水準も劣っている、という暗黙の優劣関係の上に成り立っているのではないだろうか。

　『リトル・ダンサー』は炭鉱を基盤とした社会を背景としながらも、結局はダラムの産業構造を政治の力で変えようとするロンドンを中心とした中央集権的な支配を再生産している部分もある。このことは、そのサウンドトラックにも明らかである。トニーのレコードであるとは言え、そしておそらくはグラムロックの文脈を意識的に取り入れるためであるとはいえ、1984年には少々流行遅れなT.レックスやクラッシュなど、ロンドンを中心に活躍していたバンドの音楽を使用している。

　同時に、『リトル・ダンサー』はこのような北に対する南の優位に疑問を呈する瞬間もある。マイケルはロンドンではなく、この町でバレエ・ダンサーになれないのかと聞く。実際のところ、ダラムに近い都市にもバレエ学校はある。したがって、ビリーのロンドン行きは、ただのバレエ・ダンサーになるのではなく、11歳から入学できるバレエ学校で一流のバレエ・ダンサーを目指す、と言う意思表示である。

本章では、イングランドの南部が北部に優っていると言う価値基準に疑問を呈する映画として『リトル・ヴォイス』（*Little Voice*, 1998年, マーク・ハーマン監督）および『24アワー・パーティー・ピープル』（*Twenty Four Hour Party People*, 2002年, マイケル・ウインターボトム監督）を検討する。

1.『リトル・ヴォイス』たとえ声は小さくとも

　廃坑に揺れる英国北部ヨークシャーの炭鉱ブラスバンドの苦境と快進撃を描いた『ブラス！』から2年後、同映画を監督したマーク・ハーマンはふたたび、イングランドの北部を舞台にした映画を世に問うた。[注1]『リトル・ヴォイス』である。今回は、ヨークシャーの海岸保養地スカーバラ（Scarborough）を舞台とし、前作同様、音楽を中心に据え、音楽に親しむワーキング・クラスの登場人物や人間関係を描いている。

【あらすじ】LV（エル・ヴィー：リトル・ヴォイスの略）と呼ばれる若い女性は、海岸の街スカーバラにある元レコード店に母のマリーと二人で暮らす。亡き父が残した古いポップソングのレコードを心の友として家に引きこもり、大好きな歌を聞いてはその物真似をしている。母のマリーは極めて社交的な人物で家のことは顧みない。そんなある日、ホフ家に電話が設置される。工事をしたブリテッシュ・テレコム技術者のビリーは内向的な性格で、伝書鳩の世話と訓練にしか興味がなかったが、LVと出会ってからというもの彼女のことが気になって仕方がない。一方、LVに歌の才能があることを発見した母の恋人で芸能プロモーターのレイ・セイは、自室に引きこもるLVを説得して歌わせ、一山当てようと必死になる。一度だけとの約束でLVはミスター・ブーが経営する地元のクラブのステージに立つ。ショーは大成功で、ロンドンからスカウ

トが来ることになる。だがそのステージを、LV は断固として拒否する。その晩、電気のヒューズが飛んで自宅が火事になる。LV はすんでのところでビリーに助けられた。LV は焼けた自宅で初めて自分の声と言葉で母親と対峙する。

1.1 It's Show Time!

　映画『リトル・ヴォイス』の見せ場は、何といっても LV のショーだ。本映画は演劇のアダプテーションなのだが、原作で主役を演じたジェーン・ホロックス（Jane Horrocks, 1964- ）がいなければ映画が成り立たないと、彼女のスケジュールに合わせてハーマン監督は『ブラス！』を先に作った（中西 63-64）。また、この場面はロンドンのスタジオではなく、スカーバラのリゾート施設を改修したセットで撮影された。なお、ホロックスはランカシャーの出身で、ノーザン・コメディの流れを組む役者でもある。

　ショーの場面を盛り上げるため、映画はその準備段階や資金調達の様子から順を追い、007 の主題歌でシャーリー・バッシー（Shirley Bassey, 1937- ）が歌う「ゴールドフィンガー」（"Goldfinger"）ワンコーラス分をかけて見せる。次いで、約 7 分間続くショーの場面がある。普段は閑古鳥の鳴くクラブにはフルバンドが入り、満員の盛況ぶりだ。クラブの正面にはレイ・セイが特別にあつらえた「リトル・ヴォイス」の電飾が登場し、舞台には金色に光る鳥かごの装置が置かれた。歌唱中の LV は何かに憑かれたように豹変し、それぞれの歌手になりきって熱唱する。彼女の歌うナンバーはグレイシー・フィールズの他マリリン・モンロー（Marilyn Monroe, 1926-1962）、マレーネ・ディートリッヒ（Marlene Dietrich, 1901-1992）、ジュディ・ガーランド（Judy Garland, 1922-1969）などの 5 曲である。

　そのショーがいかに盛り上がっているかは、バンドのメンバーや観客の反応

から明らかだ。ミスター・ブーもLVを「逸材」と讃えてご満悦だ。そして、観客の一人が掲げていた携帯電話がロンドンの大物スカウトであるバニー・モリスにつながっており、スクリーンにピカデリー・サーカスのオフィスで北部のさびれた港町に埋もれた才能を見出したとほほ笑むモリスが映し出されるに至って、LVの成功はほぼ確実なものとなる。スター誕生の瞬間である。

しかし、LVは二度目のステージを頑なに拒否して歌手で成功する道を絶つ。LVはショービジネスでの成功を望んでいない。彼女にとって歌は金儲けの手段ではなく、他人に聞かせるものでもない。このため、ロンドンに価値を決めつけられることは望んでいない。彼女はその理由をはっきりとは説明しないが、新しい才能で自分も潤おうというレイ・セイや、その片棒を担ぐ母親に「歌わされる」ことを拒んでいるのだ。

イングランド北部を舞台にした映画で女性がヒロインとなる作品はそれほど多くない。そのような作品と比べても、LVほどの極度に内向的な性格をもつ人物は例外的である。大抵は、確固とした意志を持ち、性的に積極的で冒険好きな「強い女性」（Russel 39）が描かれることが多いためだ。そのためだろうか、映画は原作よりも少しだけLVとビリーを外交的な性格にした。それには、映画の舞台を海岸保養地のスカーバラにしたことが影響しているのかもしれない。

1.2 スカーバラに魅せられて

火の海から救ってくれたビリーとともに、LVはスカーバラ・スパにあるサンコート（Sun Court）という屋外劇場に向かう。ハーマン監督は『ブラス！』でもサドルワースやピース・ホールなど、北部の魅力的な風景を背景に物語を展開させたが、サンコートのステージは海を背にして観客席は海を望むように

設置されていて、景色が良い。ここは亡き父と音楽を聴いた思い出の場所だ。潮騒の音も聞こえていて、ロマンチックな雰囲気がある。LV はビリーのセーターとジャケットを着ている。そして連れ出してくれたことに礼を述べる。この時点ではまだ、火事から助けてくれたことに対して礼を言っているのか、引きこもり状態から救われたことに対して礼を言っているのかわからない。ビリーは自分の気持ちをさりげなく伝えるが、LV は何かを思い出したように火事で焼けた自宅へ戻って行く。

　この後、LV は自宅で母親と対峙し、昔年の恨みつらみをぶちまける。そして、自分の名前はLV ではなく、ローラだと述べ、一人で家を出て、ビリーの鳩舎に向かう。【注2】朝の訓練を手伝い、力いっぱい鳩を放してやるというシーンで映画は終わっている。ローラの身振りには、母親、父親、そして自らに課していた拘束から逃れて自由になったという精神的な開放感が感じられる。彼女の居場所はステージでもロンドンでもなく、よく話を聞いてくれて会話の成り立つビリーのもとにある。

　スカーバラといえば、まずサイモン・アンド・ガーファンクルが歌ったイギリス民謡「スカボロー・フェア」（"Scarborough Fair"）が有名であるため、地名はよく知られている。だが実は、スカーバラはこれま

スカーバラのセント・ジョーゼフ劇場で上演中の『リトル・ヴォイス』筆者撮影

であまり映画の舞台となってこなかった。それゆえだろうか、本作はほとんど
のシーンをロケで撮影し、その魅力を伝えている。特に、スカーバラの美しい
海岸が見事だ。原作ではボルトン（Bolton）近郊の繊維工場の隣にLVの自宅
があるが、映画では馬蹄形で美しい砂浜の海岸を持つスカーバラに変更された。
ホフのレコード店、海沿いのパブ、海岸を空から写すロングショット、海岸を
水平に見せるエスタブリッシング・ショットのほか、ビリーの鳩小屋がある丘
の上から海を見渡す場面など、朝、昼、夜と折に触れて海岸がスクリーン上に
現れる。実は、この物語の隠れた主人公はスカーバラの海岸ではないかと思え
るくらいだ。

2.『24アワー・パーティー・ピープル』マンチェスター伝説

　ビートルズが去ってパンク・ミュージックが雄叫びをあげた後、1980年代に
インディー・ミュージックと呼ばれる、メジャーとは異なるアートハウス的か
つポスト・フォーディズム的な音楽が登場する。その流れの一角を占めたのが、
マンチェスターである。1990年代には「マッドチェスター」（Madchester）と
呼ばれる新しいクラブカルチャーが社会現象となるに及んで、マンチェスター
は若者文化のメッカ的な存在となった。産業革命で世界の工場を牽引する街と
なって以来、久々に世の中の先端を走るトレンディな街になったのである。そ
れは、ロンドンに基準を置かない、マンチェスターならではコスモポリタンな
音楽を求める動きであった。

　このような新しい若者の音楽を育てた立役者が、本映画の主人公にしてマ
ンチェスター音楽シーンの大御所トニー・ウィルソン（Tony Wilson, 1950-
2007）である。その功績をたたえて、マンチェスターのノーザン・クオーター
（Northern Quarter）という再開発地区には「トニー・ウィルソン・スクエ

ア」なる広場が造成され、北部アート振興の中心地となっている。映画の
セリフに「真実と伝説のどちらかを選べと言われたら、伝説を選べ」(25:38-
25:43)というセリフがあるが、トニー・ウィルソンはこのモットーを実行し
た人物だ。映画のタイトルはマッドチェスターシーンの中心グループであっ
たハッピー・マンデーズ(Happy Mondays)の楽曲から取られている。映画
監督のマイケル・ウィンターボトム(Michael Winterbottom, 1961-)も、脚
本を担当したフランク・コットレル・ボイス(Frank Cottrell-Boyce, 1959-)
もイングランド北西部の出身である。

【あらすじ】 ペナイン山脈でハングライダーのトライアルをレポートする記者
がいる。この映画の主人公であるトニー・ウィルソンだ。マンチェスターに近
いサルフォード(Salford)に生まれ、ストックポート(Stockport)に育ち、
ケンブリッジ大学で学んだ後、地元のテレビ局であるグラナダTVに入局し、
地元のニュース報道に携わっていた。1976年に行われたセックス・ピストルズ
のライブが火付け役となり、マンチェスターで新しい音楽を目指すミュージ
シャンが出てくる。ウィルソンは彼らをグラナダTVの番組で紹介し、クラブ・
ナイトを主催して演奏を依頼した。同年、「ファクトリー・レコード」を創設し、
1982年から1997年2月までマンチェスター音楽の「大聖堂」たるナイトクラブ、
ハシエンダ(The Haçienda)を運営した。映画はその過程をほぼ時系列で追っ
ていく。また、ファクトリーからレコードをリリースした2つの伝説的なバン
ドとウィルソンとの関わりに焦点を当てる。前半がジョイ・ディヴィジョン(Joy
Division)、後半がハッピー・マンデーズである。

2.1 It's Party Time!

　本映画の魅力の一つは、1976年以降のマンチェスターの音楽シーンを、実際に音楽を聞きながら学べる（もしくはおさらいできる）という点である。しかも、そのブームを支えた生き証人とも言うべきトニー・ウィルソンが役柄および語り手として登場して、ムーブメントに解説を加える。音楽シーンに参加した経験者であれば、その背後で何が起こっていたのかを垣間見ることができる。かなり享楽的で向こう見ずな若者たちが登場する映画だが、刹那的だが勢いもある若者文化の様子をうかがうこともできる。

　中でも、ハシエンダの再現シーンは見応えがある。実際のクラブは既に住居に転用されているため、これは再現されたセットなのだが、本物よりも少しサイズが大きいだけで、内装やデザインはほぼ正確に再現されているらしい。かつてのハシエンダ関係者が映画のセットに足を踏み入れた時、思わず込み上げるものがあった、とDVD特典の副音声解説でウィルソン本人が語っている。ハシエンダ最後の晩のシーンもアーカイブ映像ではなく映画のために撮影された。波のように人が蠢り、グルーヴを作る映像は圧巻だ。

　トニー・ウィルソンは独自のポリシーで事業を展開した。利潤追求のために、音楽ビジネスを行わなかったのである。ファクトリー・レコードはアーティストとレーベルで利益を折半した。レーベルを「所有する」という発想がなかったのである。さらに、ウィルソンにはクラブのポスターやレコードのスリーブといったインダストリアル・デザインにこだわりがあった。例えば、ファクトリー・レコードのバンドでニュー・オーダーのシングル「ブルー・マンデー」のレコードスリーブが良い例だ。このパッケージは、フロッピーディスクのデザインになっている。メンバーのバーナード・サムナー（Bernard Sumner, 1956- ）がデザインしたものだ。手の込んだ意匠で制作費が嵩むため、売り上

げるたびに赤字が出る。映画には、ハシエンダの赤字が累積しているにもかかわらず、気に入ったテーブルに3万ポンドもかけるエピソードがある。こうした採算度外視の、ウィルソンなりの美意識へのこだわりを重視する経営に対しては、公私混同の素人経営との批判も当然あるだろう。だが、ロンドンのレーベルにはできないことをするのが、ウィルソンの美学でもあった。費用対効果と小さな政府の一大変革が巻き起こっている1980年代のイギリスで、独自の路線を貫いた。メディア産業のグローバル化が進み、新たなメディア帝国が巨万の富を生む現在にあっても、その享楽的な反骨精神は際立っている。

　本映画はトニー・ウィルソンとファクトリー・レコードが生み出した新しい若者文化の映画だが、もう決して若くはない三十路の男が独特のセンスを持つ若者の可能性を見過ごせずに深みにはまっていくその姿は滑稽ですらある。映画はこの、ある意味で欲のかけらもない立役者の原動力を地元への愛に見出している。

　　つまるところ、マンチェスターが好きなんだ。今にも崩れそうな倉庫群、
　　鉄道橋、安くて豊富なドラッグ。つまるところ、好き過ぎて失敗した。う
　　まく行かなかったのは、金のせいでも、音楽のためでも、ましてや銃のた
　　めでもない。英雄にも欠点はある。自分の場合は、それが市民としての誇
　　りだった。(1:40:25-1:40:44)

「銃のためでもない」と言うのは、ハシエンダは銃の取り締まりが元で廃業に追い込まれたためだ。音楽業界で「成功」と言えばロンドンのメジャー・レーベルと契約することが絶対条件であった時代に、この地元へのこだわりはもはや愛以外の何物でもない。

その地元への愛情を、映画は「見せる」。タウンから郊外の自宅へ戻る車中から見える風景、冒頭のペナイン山脈の風景、繰り返し映し出される自宅周辺の風景、タウンの遠景ショットなどである。マンチェスターで生まれた音楽をマンチェスターの風景とともに聞く。この映画の醍醐味のひとつは、そこにある。

2.2 映画はめぐる

ただ、映画から「学び」や「本物らしさ」を期待しすぎると、再現性が低いことを非難したくなるかもしれない。この映画は実在した人物と音楽トレンドを扱ってはいるが、ドキュメンタリーではなくフィクションである。そして、リアリズムを放棄して、そのフィクション性を常に観客に対して示している。自称「ポストモダニスト」のウィルソンの映画を、メタシネマ的な手法を多用して常にこれがフィクションであることを観客に見せる手法で、監督のウィンターボトムは映像化している。

まず、主人公のトニー・ウィルソンだが、やはり映画の登場人物として造形されている。ウィルソン役を演ずるのは、マンチェスターの北にあるミドルトン出身のコメディ俳優スティーブ・クーガン（Steve Coogan, 1965- ）だ。クーガンが演ずるウィルソンは、自身がケンブリッジ大学に学んだミドル・クラスのエリートであることを隠さない。音楽シーンのエピソードの帰結や意味合いを説明するセリフは、学のあるジャーナリストを自認するウィルソンをよく示している。また、ロングヘアでファッションに気を使い、仕事の際には常にスーツを身につけるが、プライベートではスカーフを巻くクーガンのウィルソンは、オスカー・ワイルド（Oscar Wilde, 1854-1900）を彷彿とさせる風貌で、それが警句を頻発する人物像とマッチする。服装に気を配る点は、繊維産業の街マンチェスターへの郷土愛ゆえでもあろう。時に挿入されるグラナダTVの

ローカルニュース担当ジャーナリストとしてのウィルソンは、オックスブリッジ流の英語で牛や羊のニュースを伝えるなど、ニュースの内容と言葉遣いが噛み合っておらずに、滑稽な印象を与える。

　次に、映画のテクストは、ライブ映像、ミュージシャンを演ずる役者、そしてミュージシャン本人のカメオ出演による映像の少なくとも三つをつなげる形をとっている。つまり、歴史的なアーカイブ資料、フィクションとしての役者の演技、そしてミュージシャンの現在という、三つの時間が交差する。演奏シーンでグループ名と楽曲名を紹介するテロップを出すのだが、そのテロップを揺らしてラフな質感を出すことで、こうした観客に映画のフィクション性を知らせて、真正性が保証されたオーセンティックなテクストを構築させないよう働きかけているようだ。実在の（そして多くの場合は存命中の）人物を完全で瓜二つのコピーとして再現するのではなく、あくまでもフィクションとして提示することにこだわっている。この点で、実物そっくりの俳優が登場するハリウッドの伝記映画とは一線を画す。なお、DVD版についている副音声では、トニー・ウィルソン本人が物語細部の真正性についてコメントする場面がある。

　先ほど、『24アワー・パーティー・ピープル』は二段構成になっていると述べた。このような構成は、イアン・カーティス（Ian Curtis, 1956-1980）の死をどのように描くかという難問に対する一つの回答なのではないだろうか。ファクトリー・レコードの映画を作りながら、その最初期のアーティストであるジョイ・ディヴィジョンのヴォーカリストであったイアンの死を避けて通ることはできない。だが、ありきたりの方法では映像化できない。死後20年がたち、イアンの妻デボラ・カーティス（Deborah Curtis, 1956- ）による回顧録が1995年に出版された後、ようやく映画で取り上げることができたのではないか。ウィンターボトムの映画では、イアンの死はジョイ・ディヴィジョンのアルバムのプ

ロデューサーであったマーティン・ハネット（Martin Hannett, 1948-1991）の死と並べるかのように語られている。

　さらに映画は、イアンの死を描きつつも循環する構造を印象付けるセリフを設けて時間を操作している。それが映画の折り返し地点におかれたウィルソンによる「ここからは第2幕」（50:20）というセリフと映画の冒頭に流れたワーグナーの「ワルキューレ」の音楽、そしてサルフォード出身の俳優クリストファー・エクルストン（Christopher Eccleston, 1964- ）演ずるホラティウス（Boethius）という名前のホームレスが語る「歴史は車輪（wheel）」であって良い時も悪い時も巡り巡るというセリフだろう。クリストファー・エクルストンはBBCの人気ドラマ『ドクター・フー』（Dr Who）出演にあたり、RP（Received Pronounciation 容認発音。日本語で「標準語」と呼ぶものに近い）ではなくマンチェスターの英語で通した役者なのだが、ここでも地元の英語を披露してくれる。

　　It's my belief that history is a wheel. "Inconstancy is my very essence," says the wheel. "Rise up on my spokes if you like, but don't complain when you're cast back down into the depths. Good times pass away, but then so do the bad. Mutability is our tragedy, but it's also our hope. The worst of times, like the best, are always passing away." (59:42-1:00:08. 強調は筆者)

　　私が思うに、歴史は車輪だ。「矛盾こそ我が本質」と車輪は言う。「何なら輪止めに登ってみるがいい。だが、一巡して深みに落ちたなどと不満を言うな。調子の良い時は去り、苦しい時も過ぎる。無情というのは悲劇でも希望でもある。最悪の時も最良の時も、必ず過ぎて行く」と。

これまで指摘したように、下線の部分は「ア」ではなく「オ」に近い発音となる。また、これは特に北部の英語に特徴的と言うわけではないのだが、イギリスの英語では二重線を引いた "you're" や "our" の最後の子音の "r" は直前の母音と一緒になって発音されない。このため前者は「ヨー」、後者は「アー」のように聞こえる。

　もちろん、車輪というのは車の車輪だけではなく、時の車輪でもあり、映画のフィルムの、そしておそらくは人生の暗喩でもある。文字通り地に足のついた（腰のついたというべきか）現実的なセリフであると同時に、そのアフォリズムが非現実を作り出してもいる。

2.3 マンキュニアン、コスモポリタン

　ところで、『24アワー・パーティー・ピープル』で一貫して強調されているのは、ロンドンとのつながりではなく、ヨーロッパ文化とのつながりである。冒頭のワルキューレに始まり、ホラティウスというホームレス、ハシエンダというクラブ名、スコット・フィッツジェラルドやオスカー・ワイルドなどのコスモポリタニストの他、ウィリアム・モリスやウィリアム・ブレイクといった革命的な思想の持ち主の言葉を、ウィルソンは借用している。

　地元への愛情とコスモポリタニストというアイデンティティが矛盾しないのは、マンチェスターが19世紀以来ドイツ系移民を受け入れて、彼らが街の文化振興に貢献したためだ（Mazierska and Rymajda 236-238）。マンチェスターで家業の工場を営んでいたフリードリヒ・エンゲルスや、そのエンゲルスをカール・マルクスがしばしば訪ねて『イギリスにおける労働者階級の状況』（*The Condition of Working Class in England*, 1845年）が執筆されたことはよく知

られている。

　第一次世界大戦までに、マンチェスターに移住したドイツ系の人々は、資本家階級として街の文化、特に音楽環境の整備に貢献した。セックス・ピストルズがマンチェスターで最初にライブを行ったレッサー・フリー・トレード・ホールは、ドイツからの移民であるカール・ハレ（Karl Hallé, 1819-1895）が1857年に設立して現在も活動を続ける「ハレ・オーケストラ」（Hallé Orchestra）が拠点としていたフリー・トレード・ホール（Free Trade Hall）の小ホールである。ウィルソンは母方の祖父がドイツ系であるというから、ヨーロッパの文化や自らのドイツ系の系譜に意識的であったとしても不思議はない（Mazierska and Rymajda 238）。マンチェスターはまた、ピータールーの大虐殺（1819年）とそれに続く全国新聞『ガーディアン』紙の設立にも見られるように、ロンドンへの資本や権威の集中に対する対抗勢力であった歴史もある。実は、1856年に開場したフリー・トレード・ホールは虐殺のあった広場の跡地に建てられたホールで、クラッシックだけではなく、ロックやフォークなど幅広い音楽活動に使用された（現在はホテルとなっている）。

　このように、『24アワー・パーティー・ピープル』は、国内の他者としてイングランド北部を構築する南の権威を回避しつつ、文化的にはむしろヨーロッパとの繋がりを確認している。このことは、オランダ出身でミュージシャンの写真を専門にしたカメラマンであるアントン・コービン（Anton

マンチェスターのフリー・トレード・ホール　筆者撮影

Corbijn, 1955- ）監督によるイアン・カーティスとジョイ・ディジョンの映画『コントロール』（*Control*, 2007年）にも当てはまる。イアンの妻デボラ・カーティスの回顧録『タッチング・フロム・ディスタンス』（*Touching from a Distance*, 1995年）を原作とした白黒の伝記映画である。

むすび

　ここまで、イングランド北部の風景や物語を『リトル・ダンサー』を出発点として、探ってきた。地理的にも、北東部、ヨークシャー、北西部を舞台とした作品をめぐり、地元の産業や文化、その地方で話される英語について紹介してきた。

　今回紹介した作品は、圧倒的にコメディが多かったように思う。本書の位置付けは入門編であるため、社会派の作品でも、必ずユーモアを交えた作品を選んだという事情もある。『ヒストリー・ボーイズ』の老教師ヘクターは苦境に対する「解毒剤」として英詩や映画のフレーズを身につけさせているが、『フル・モンティ』のように笑えない状況を言葉の綾で笑いに変える知恵は厳しい状況を一瞬でも吹き飛ばすワーキング・クラスの、あるいは北部人の処世術なのかもしれない。

　映画というメディアには、どこか現実回避的で、単純化や美化を避けられないところがある。少年や若者は夢を成就させ、男女のロマンスは成立し、親子の確執は解消される。『リトル・ダンサー』、『ヒストリー・ボーイズ』、『GOAL!』のDVDはいずれも、裏面カバーで「夢をあきらめない」とうたっている。「困難」は乗り越えられるものだし、「困難」があっても成功するなら困難に挑戦する意味がある、だからこそ見る値打ちがある。こうしたロジックは当然のことではあるが、費用対効果を正当化するロジックのようにも聞こえてしまう。映画を教材にする際の、ジレンマである。ケン・ローチのような映像作家が、今後も活躍してくれることを望みたい。

　その一方で、あまりにも北部の事情にこだわってしまうと、一部の人にしか理解されない閉鎖的で排他的な映画になってしまう。『リトル・ダンサー』に

端的に見られたように、普遍的なテーマを取り上げつつも、北部の事情や文化も取り入れながらの映画作りは今後求められる。そうしたときには、自分たちが考える北部と外部から見える北部との両方の視点を持った映画作りがなされていくだろう。

　今回は『リトル・ダンサー』を起点とする構成としたため、取り上げられなかった作品も多い。参考までに、そうしたトピック5点を課題としてあげて、むすびとしたい。

　まず、人種と移民と宗教の問題である。『リトル・ダンサー』の最終場面で、ビリーの公演にマイケルが来ている。彼の隣に座っている黒人男性は、おそらくマイケルのボーイフレンドなのだろう。アイルランド移民の系譜も、本書では触れていない。湖水地方とリヴァプールを舞台にした映画も取り上げなかった。湖水地方は、風光明媚な地形とロマン派詩人との関連から北部とは異なる文化的背景を持ち、都会や現実からのミドル・クラスの避難所として描かれることが多い。リヴァプールに関しては、製造業ではなく貿易港としての歴史が、『リトル・ダンサー』との関連づけを難しくしたように思う。4点目として、農業や田園についても、今回は含めることができなかった。昨年、最終作の『ジ・オールド・オーク』（*The Old Oak*, 2023年）が公開されたケン・ローチの北東部トリロジーに関しても、日本公開後に別の機会があれば幸いである。今回はテレビドラマも対象から外した。

　最後になってしまったが、表紙のイラストを描いてくださったイラストレーターのおぐらきょうこさんにお礼を。あまりいろいろと細かく指定しなくてもさっと描いてくださったのは、北部に留学経験のあるおぐらさんだからこそ、です。

*

1980年代の後半に初めてイギリスに留学した時、最初の3ヶ月を南部のカンタベリーで過ごし、新年からはマンチェスターに移った。そこで、筆者を、非常に戸惑わせた表現がある。「ターラ」だ。パン屋さんでも八百屋さんでもニューズエージェント（新聞や食品などを売っている店）でも、最後に「ターラ」と言われる。「ターラ」って何？『風と共に去りぬ』に出てくる「タラ」のこと？悩んだ末、同じ語学学校に一人だけいた日本人の学生さんに聞いた。「ターラ」は 'Thank you, Love.' が短くなったもの、と教えてくれた。彼女はどうして'Thank you, Love.' が 'Ta, la!' になるのか説明してくれなかったけれど、今なら、最初のTh は落として（上の歯と下の歯の間に舌を挟んで発音する）、love のve（上の歯で下唇に軽く触れるようにして発音する）を省略してつなげると 'Ta, la!'「ターラ」となるのだと分かる。口の動きを最小にする、忙しさが透けて見えるような表現だ。日本の学校の授業では 'love' は「愛する」（動詞）もしくは「愛」（名詞）と習ったけれど、こんな風に人をさして使うこともあることを知った。自分のことを認識してくれているようで、ちょっと嬉しかった。

　というわけで、この本を読んでくださった皆さまに、'Ta, la!'

注

序論

P.9 1. 「フェル」とは英語の元となった古ノルド語由来の言葉で山を指す。他にも、ペナイン山脈には古ノルド語由来の言葉が残っている。また、丘の連なりではあるが、自然環境は厳しい。ペナイン山脈を縦断するトランス・ペナイン・レースでは、途中でレースを脱落する競技者も少なくない。

第1章

P.17 1. 当時の連合王国の人口は280万人程度であった。

第2章

P.27 1. 一例として英国映画協会(British Film Institute)が公開している次のウェブサイトを参照。'Factory Gates.', BFI, https://player.bfi.org.uk/free/collection/factory-gates. この他 Youtube などの動画サイトにも多数の掌篇がアップロードされている。

P.28 2. 演劇ジャンルとしての comedy (喜劇) は tragedy (悲劇) に対するジャンルで、たいがいは主人公の死で終わる悲劇に対して結婚などの幸福な結末で終わるものを指す。しかし、Northern Comedy の comedy は観客を笑わせることを目的とした舞台であるため、演劇のジャンルとは区別して「コメディ」とカタカナ書きする。

P.30 3. 『年上の女』(*Room at the Top*, 1959年, ジャック・クレイトン監督);『怒りを込めて振り返れ』(*Look Back in Anger*, 1959年, トニー・リチャードソン監督);『寄席芸人』(*The Entertainer*, 1960年, トニー・リチャードソン監督);『土曜の夜と日曜の朝』(*Saturday Night and Sunday Morning*, 1960年, カレル・ライス監督);『蜜の味』(*A Taste of Honey*, 1961年, トニー・リチャードソン監督);『ア・カインド・オブ・ラビング』(*A Kind of Loving*, 1962年, ジョン・シュレジンガー監督);『長距離走者の孤独』(*The Loneliness of the Long Distance Runner*, 1962年, トニー・リチャードソン監督);『孤独の報酬』(*This Sporting Life*, 1963年, リンゼイ・アンダーソン監督);『ビリー・ライアー』(*Billy Liar*, 1963年, リンゼイ・アンダーソン監督)。

P.35 4. 2007年から、イレヴンプラスは全児童対象から特定のセカンダリー・スクールへの入学を希望する者のみが受験する試験に変わった。

第3章

P.43 1. ここでの議論は、以下の論考を参照している。菅野素子「ものまね鳥のゆくえ——映画『リトル・ヴォイス』とアダプテーションの文化地政学」鶴見大学比較文化研究所『比較文化研究』第25号（2023年），1-15.

P.50 2. イングランド北西部オールダムの近郊にある。ペナイン山脈の西端に位置する。ここでは、1884年から続くブラスバンドのコンテストが、キリスト教の祝日であるウィット・サンデー（Whit Sunday）の前の金曜日に行われる。ウィット・サンデーは聖霊降臨祭（ペンテコステ）とも呼ばれ、イースター後の第7日曜日に当たる。

P.50 3. ハリファックスはウエスト・ヨークシャーに位置する古い街で、『ドゥームズデイ・ブック』に記載があることから、11世紀頃にはすでに存在していたとされる。また、ピース・ホールは18世紀後半に建設されたとされる。産業革命で綿製品や毛織物業が工場での大量生産に移行する中で、小規模の生産者が手工業品の直接売買ができるように建設された。建物は長方形の中庭を囲むようにたち、いくつもの小さな部屋に分かれている。

P.51 4. 1ポンド180円で計算。

P.51 5. 1ドル150円で計算。

P.53 6. ニッチ市場で一旗あげようという独立自営業種的なプラグマティズムはサッチャー主義の擁護にも見える。失業に追い込んだ側のイデオロギーを自分も擁護しているのである。

第5章

P.72 1. 本節の議論は次の論考から再掲している部分がある。菅野素子「ものまね鳥のゆくえ——映画『リトル・ヴォイス』とアダプテーションの文化地政学」鶴見大学比較文化研究所『比較文化研究』第25号（2023年），1-15.

P.75 2. 原作では本名が明かされることはないため、これは映画で付け加えられた設定である。LV のように極度に内向的なヒロイン、テネシー・ウィリアムズ『ガラスの動物園』のローラへの言及だと思われる。

引用文献

アンダーソン、ベネディクト『増補 想像の共同体―ナショナリズムの起源と流行』白石隆、白石さや（訳）
　　NTT 出版、1997年 .

井上美雪「教育市場の『ヒストリー・ボーイズ』―メリトクラシー／ペアレントクラシー」川端康雄、大貫隆史、
　　河野真太郎、佐藤元状、秦邦生（編）『愛と戦いのイギリス文化史 1951-2000年』慶應義塾大学出版
　　会、2011年、pp.69-83.

大谷伴子「序章　グローバル／ローカルな文化地政学へ」大谷伴子・松本朗・大田信良・加藤めぐみ・木
　　下誠・前協子『ポスト・ヘリテージ映画―サッチャリズムの英国と帝国アメリカ』上智大学出版、2010
　　年、pp.1-19.

下楠昌哉（編）『イギリス文化入門』三修社、2010年 .

菅野素子「ものまね鳥のゆくえ―映画『リトル・ヴォイス』とアダプテーションの文化地政学」鶴見大学比
　　較文化研究所『比較文化研究』第25号 (2023年)、1-15.

ジョイス、コリン「郵政民営化で届かなくなった手紙」Newsweek 日本版、2014年02月07日、http://
　　www.newsweekjapan.jp/joyce/2014/02/post-75.php

ストーリー、マイク「教育、労働、そして余暇」マイク・ストーリー＆ピーター・チャイルズ編著『イギリスの
　　今：文化的アイデンティティ』第4版、塩谷清人監訳、世界思想社、2013年、pp.119-190.

チャイルズ、ピーター「場所と民族―地方と国民／国家」マイク・ストーリー、ピーター・チャイルズ（編）『イ
　　ギリスのいま：文化的アイデンティティ』第4版、世界思想社、pp. 51-118.

中西愛子「マーク・ハーマン監督インタビュー」『キネマ旬報』第2016号 (1999年9月下旬号)pp. 63-64.

バートン、スーザン「『リトル・ダンサー』」板倉厳一郎、スーザン・バートン、小野原敦子（編著）『映画で
　　わかるイギリス文化入門』松柏社、2008年、pp. 223-229.

ホガート、リチャード『読み書き能力の効用』香内三郎訳、晶文社、1986年 .

宮北恵子、平林美都子『イギリス・ヘリテッジ文化を歩く―歴史・伝承・世界遺産のたび』彩流社、2016
　　年

村岡健次、木畑洋一（編）『世界歴史大系 イギリス史3 近現代』山川出版社、1991年 .

松本朗「グローバル・ハリウッドに対応する英国の文化政策と映像文化」河島伸子・大谷伴子・大田信良
　　編『イギリス映画と文化政策―ブレア政権以降のポリティカル・エコノミー』慶應義塾大学出版会、
　　2012年、pp. 90-92.

ANGLO-AMERICAN FILMS AGREEMENT HC Deb 17 June 1948 vol 452 cc737-78. https://api.pa

rliament.uk/historic-hansard/commons/1948/jun/17/anglo-american-films-agreement

Audickas, Lukas. *Sport participation in England.* Briefing Paper, Number CBP 8181, 14 December 2017. https://researchbriefings.files.parliament.uk/documents/CBP-8181/CBP-8181.pdf

Bennet, Alan. *The History Boys,* Faber and Faber, 2004.

BFI. 'Electric Edwardians: The Films of Mitchell and Kenyon.' BFI Distribution. https://www2.bfi. org.uk/distribution/electric_edwardians_the_films_of_mitchell_and_kenyon

Bradshaw, Peter. 'A Review on *There's Only One Jimmy Grimble.*' The Guardian, Fri 25 August 2000. https://www.theguardian.com/film/2000/aug/25/culture.peterbradshaw.

Briggs, Asa. *Victorian Cities: A Brilliant and Absorbing History of their Development.* Penguin, 1990.

Census 2011. 'Population and household estimates, England and Wales.' Office for National Statistics, https://www.ons.gov.uk/peoplepopulationandcommunity/populationandmigration/populationest imates/bulletins/populationandhouseholdestimatesenglandandwales/census2021.

Dave, Paul. 'Knocking-off Time in the North: Images of the Workng Class and History in L. S. Lowry and Mitchell and Kenyon.' *Heading North: The North of England in Film and Television,* edited by Eva Mazierska, Palgrave Macmillan, 2017. pp.39-72.

DBSUG. 'Historical coal data: coal production, availability and consumption 1853 to 2022.'27July, 2023. https://www.gov.uk/government/statistical-data-sets/historical-coal-data-coal-production-availability-and-consumption

Dyja, Eddie. *Studying British Cinema: The 1990s.* Auteur, 2010.

'The FA for All.' https://www.thefa.com/about-football-association/for-all

Higson, Andrew. 'Space, Place, Spectacle: Landscape and Townscape in the "Kitchen Sink" Film.' *Dissolving Views: The Key Writings on British Cinema,* edited by Andrew Higson, Cassel, 1996, pp. 133-156.

Hughes, Alan. 'Looking West, not South: The Anglo-American Films Agreement and the North on Film, 1948 to 1958. *Heading North: The North of England in Film and Television,* edited by Eva Mazierska, Palgrave Macmillan, 2017. pp.215-234.

Jolly, Richard. 'Football's working-class roots: The 'beautiful game', in its organised form, was born in England's grim industrial towns.' October 23, 2010, https://www.thenationalnews.com/

sport/football-s-working-class-roots-1.524211

Longman Dictionary of English Language and Culture with Colour Illustrations. Longman, 1992.

Mazierska , Eva. 'Introduction; Imagining the North of England.' *Heading North: The North of England in Film and Television,* edited by Eva Mazierska, Palgrave Macmillan, 2017. pp.1–35.

Mazierska, Ewa and Kamila Rymajda 'The North and Europe in *24 Hour Party People* and *Control.' Heading North: The North of England in Film and Television,* edited by Ewa Mazierska, Palgrave Macmillan, 2017, pp.235–255.

'Mining, industry and railways in the North East.' England's North East, https://englandsnortheast. co.uk/coal-railways-north-east/

Oliver, John. 'The Mancunian Film Corporation.' *The Encyclopaedia of British Film,* edited by Brian McFarlane, Methen, 2014, p. 454.

Russel, Dave. *Looking North: Northern England and the National Imagination.* Manchester UP, 2004.

Wayne, Mike. 'The Performing Northern Working Class in British Cinema: Cultural Representation and its Political Economy.' *Quarterly Review of Film and Video,* Vol. 23, No. 4 (2006), pp. 280–287.

本書で取り上げた映像作品

邦題タイトル	原題	公開年	監督	脚本	出演	DVD 販売元 / 販売年
24 アワー・パーティー・ピープル	24 Hour Party People	2002	マイケル・ウィンターボトム	フランク・コットレル・ボイス	スティーヴ・クーガン、シャーリー・ヘンダーソン	Pathe/ 20th Century Fox/ 2010 年
エリックを探して	Looking for Eric	2009	ケン・ローチ	ポール・ラヴァティ	スティーヴ・エヴェッツ、エリック・カントナ、ジョン・ヘンショウ	アミューズソフト / 2010 年
ケス	Kes	1969	ケン・ローチ	バリー・ハインズ、ケン・ローチ、トニー・ガーネット	デイヴィッド・ブラッドレー、コリン・ウェラン	20 世紀フォックスホームエンターテイメントジャパン / 2012 年
ゴール！	GOAL!	2005	ダニー・キャノン	ディック・クレメント、イアン・ラ・フレネ	ウノ・ベッカー、スティーヴン・ディレイン、アンナ・フリエル	ショウゲート / 2006 年
ブラス！	Brassed Off	1996	マーク・ハーマン	マーク・ハーマン	ピート・ポスルスウェイト、ユアン・マクレガー、タラ・フィッツジェラルド	アミューズソフト / 2011 年
フル・モンティ	Full Monty	1997	ピーター・カッタネオ	サイモン・ボーフォイ	ロバート・カーライル、トム・ウィルキンソン、マーク・アディ、ヒューゴ・スピーア	20 世紀フォックスホームエンターテイメントジャパン / 2001 年
ヒストリー・ボーイズ	The History Boys	2006	ニコラス・ハイトナー	アラン・ベネット	ドミニク・クーパー、スティヴン・キャンベル・ムーア、リチャード・グリフィス	20 世紀フォックスホームエンターテイメントジャパン / 2012 年
リトル・ストライカー	There's Only One Jimmy Grimble	2000	ジョン・ヘイ	サイモン・メイル、ジョン・ヘイ、リック・カーマイケル	ルイス・マッケンジー、ロバート・カーライル、ジーナ・マッキー	KADOKAWA メディアファクトリー / 2002 年
リトル・ダンサー	Billy Elliot	2000	スティーヴン・ダルドリー	リー・ホール	ジェイミー・ベル、ギャリー・ルイス、ジュリー・ウォルターズ	角川ヘラルド・ピクチャーズ / 2005 年
リトル・ヴォイス	Little Voice	1998	マーク・ハーマン	マーク・ハーマン	ジェーン・ホロックス、ユアン・マクレガー、ジム・ブロードベント	角川映画 / 2005 年
レイニング・ストーンズ	Raining Stones	1983	ケン・ローチ	ジム・アレン	ブルース・ジョーンズ、ジュリー・ブラウン、リッキー・トムリンソン	角川映画 / 2012 年

【著者紹介】

菅野 素子（すがの もとこ）

神奈川県出身。鶴見大学文学部英語英米文学科准教授。一般企業での勤務を経て、2006年ニューサウスウェールズ大学（オーストラリア）にて英文学の修士号を取得。2012年早稲田大学大学院文学研究科博士後期課程満期退学。専門は戦後イギリスの文学・文化、英語圏文学。著書に『映画で知るオーストラリア』（共著、オセアニア出版社、2014年）、『カズオ・イシグロと日本──幽霊から戦争責任まで』（共著、水声社、2020年）、*Japanese Perspectives on Kazuo Ishiguro*（共著、Palgrave Macmillan、2024年）などがある。

〈比較文化研究ブックレットNo.22〉

『リトル・ダンサー』からはじめる
映画でめぐるイングランド北部

2024年3月29日　初版発行

著　　　者	菅野　素子
企画・編集	鶴見大学比較文化研究所
	〒230-0063　横浜市鶴見区鶴見2-1-5
	鶴見大学6号館
	電話　045（580）8196
発　　　行	神奈川新聞社
	〒231-8445　横浜市中区太田町2-23
	電話　045（227）0850
印　刷　所	神奈川新聞社クロスメディア営業局

定価は表紙に表示してあります。

比較文化研究ブックレット近刊予定

■南ドイツの大富豪フッガー家とヴェルザー家
―知られざる最初の "Global Player"（仮題）

栂　香央里

　フッガー家とヴェルザー家を知っていますか。ヨーロッパでは16世紀の大商人として名高く、アウクスブルクを本拠に現在もなお存続しています。両家は「皇帝を買い」（カール5世の皇帝選挙融資）、現在のブラジルを除く南米を支配した可能性（ヴェルザーのベネズエラ経営およびフッガーのチリ入植計画）もありました。

　両家は貴族身分を得ますが、フッガー家は農民出身、ヴェルザー家は都市エリートとして出自は異なっています。両家が地位を確立する過程を、都市、商業、宗教の様々な視点から比較分析し、現在も色濃く残るヨーロッパ身分社会の源流を辿ります。

■変わりゆく言葉
―英語の歴史変化を中心に―

宮下治政

　世界の言語では音韻・形態・統語・意味など、いろいろな諸相に歴史的な変化が見られることはよく知られています。例えば、現在の英語では否定文は I do not know him. と表現するのに対して、約400年前の英語では I know him not. (Shakespeare, *King Henry V*, Ⅲ. vi. 19) と表現していました。昔の英語と今の英語では、表現の仕方がかなり異なります。英語史における形態統語変化を例に取り上げて、なぜ、どのようにして言葉の変化が起こるのかを紹介していきます。

比較文化研究ブックレット・既刊

No.1　詩と絵画の出会うとき

〜アメリカ現代詩と絵画〜　森　邦夫

ストランド、シミック、ハーシュ、3人の詩人と芸術との関係に焦点をあて、アメリカ現代詩を解説。

A5判　57頁　602円（税別）
978-4-87645-312-2

No.2　植物詩の世界

〜日本のこころ　ドイツのこころ〜　冨岡悦子

文学における植物の捉え方を日本、ドイツの詩歌から検証。民族、信仰との密接なかかわりを明らかにし、その精神性を読み解く！

A5判　78頁　602円（税別）
978-4-87645-346-7

No.3　近代フランス・イタリアにおける
　　　悪の認識と愛

加川順治

ダンテの『神曲』やメリメの『カルメン』を題材に、抵抗しつつも〝悪〟に惹かれざるを得ない人間の深層心理を描き、人間存在の意義を鋭く問う！

A5判　84頁　602円（税別）
978-4-87645-359-7

No.4　夏目漱石の純愛不倫文学

相良英明

夏目漱石が不倫小説？　恋愛における三角関係をモラルの問題として真っ向から取り扱った文豪のメッセージを、海外の作品と比較しながら分かりやすく解説。

A5判　80頁　602円（税別）
978-4-87645-378-8

比較文化研究ブックレット・既刊

No.5　日本語と他言語

【ことば】のしくみを探る　三宅知宏

　日本語という言語の特徴を、英語や韓国語など、他の言語と対照しながら、可能な限り、具体的で、身近な例を使って解説。

A５判　88頁　602円（税別）
978-4-87645-400-6

No.6　国を持たない作家の文学

ユダヤ人作家アイザックＢ・シンガー　大﨑ふみ子

　「故国」とは何か？　かつての東ヨーロッパで生きたユダヤの人々を生涯描き続けたシンガー。その作品に現代社会が見失った精神的な価値観を探る。

A５判　80頁　602円（税別）
978-4-87645-419-8

No.7　イッセー尾形のつくり方ワークショップ

土地の力「田舎」テーマ篇　吉村順子

　演劇の素人が自身の作ったせりふでシーンを構成し、本番公演をめざしてくりひろげられるワークショップの記録。

A５判　92頁　602円（税別）
978-4-87645-441-9

No.8　フランスの古典を読みなおす

安心を求めないことの豊かさ　加川順治

　ボードレールや『ル・プティ・フランス』を題材にフランスの古典文学に脈々と流れる“人の悪い人間観”から生の豊かさをさぐる。

A５判　136頁　602円（税別）
978-4-87645-456-3

比較文化研究ブックレット・既刊

No.9 人文情報学への招待

大矢一志

コンピュータを使った人文学へのアプローチという新しい研究分野を、わかりやすく解説した恰好の入門書。

A5判 112頁 602円（税別）
978-4-87645-471-6

No.10 作家としての宮崎駿

～宮崎駿における異文化融合と多文化主義～ 相良英明

「ナウシカ」から「ポニョ」に至る宮崎駿の軌跡を辿りながら、宮崎作品の異文化融合と多文化主義を読み解く。

A5判 84頁 602円（税別）
978-4-87645-486-0

No.11 森田雄三演劇ワークショップの18年

―Mコミュニティにおけるキャリア形成の記録― 吉村順子

全くの素人を対象に演劇に仕上げてしまう、森田雄三の「イッセー尾形の作り方」ワークショップ18年の軌跡。

A5判 96頁 602円（税別）
978-4-87645-502-7

No.12 PISAの「読解力」調査と全国学力・学習状況調査

―中学校の国語科の言語能力の育成を中心に― 岩間正則

国際的な学力調査であるPISAと、日本の中学校の国語科の全国学力・学習状況調査。この2つの調査を比較し、今後身につけるべき学力を考察する書。

A5判 120頁 602円（税別）
978-4-87645-519-5

比較文化研究ブックレット・既刊

No.13 国のことばを残せるのか

ウェールズ語の復興　松山　明子

イギリス南西部に位置するウェールズ。そこで話される「ウェールズ語」が辿った「衰退」と「復興」。言語を存続させるための行動を理解することで、私たちにとって言語とは何か、が見えてくる。

A 5 判　62頁　662円（税込）

978-4-87645-538-6

No.14 南アジア先史文化人の心と社会を探る

―女性土偶から男性土偶へ：縄文・弥生土偶を参考に―　宗薹秀明

現在私たちが直面する社会的帰属意識（アイデンティティー）の希薄化・不安感に如何に対処すれば良いのか？先史農耕遺跡から出土した土偶を探ることで、答えが見える。

A5判　60頁　662円（税込）

978-4-87645-550-8

No.15 人文情報学読本

―胎動期編―　大矢一志

デジタルヒューマニティーズ、デジタル人文学の黎明期と学ぶ基本文献を網羅・研修者必読の書。

A5判　182頁　662円（税込）

978-4-87645-563-8

No.16 アメリカ女子教育の黎明期

共和国と家庭のあいだで　鈴木周太郎

初期アメリカで開設された３つの女子学校。
―相反する「家庭性」と「公共性」の中で、立ち上がってくる女子教育のあり方を考察する。

A5判　106頁　662円（税込）

978-4-87645-577-5

比較文化研究ブックレット・既刊

No.17 本を読まない大学生と教室で本を読む

文学部、英文科での挑戦　深谷　素子

生涯消えない読書体験のために！「深い読書体験は、生涯消えることなく読者を支え励ます」いまどきの学生たちを読書へと誘う授業メソッドとは。

A 5 判　108頁　662円（税込）
978-4-87645-594-2

No.18 フィリピンの土製焜炉

ストーブ　田中　和彦

南中国からベトナム中部、ベトナム南部、マレーシアのサバ州の資料を概観し、ストーブの出土した遺跡は、いずれも東シナ海域及び南シナ海域の海が近くに存在する遺跡であることが明らかになった。

A 5 判　90頁　660円（税込）
978-4-87645-606-2

No.19 学びの場は人それぞれ

ー不登校急増の背景ー　吉村　順子

コロナじゃみんな不登校、そして大人はテレワーク。ならば、学校を離れた学びを認める方向に社会は進む、はず、だが変化を容認しない社会の無意識がそれを阻むかもしれない。一方、実際にホームスクーリングの動きは各地で次々と起きている。

A 5 判　100頁　660円（税込）
978-4-87645-617-8

No.20 つけるコルセット　つくるコルセット

ロイヤル・ウースター・コルセット・カンパニーからみる

20世紀転換期アメリカ　鈴木周太郎

コルセットを「つける女性」と「つくる女性」を併せて考察することで、20世紀転換期のジェンダー秩序を、あるいはこの時代そのものより深く理解する手がかりになるのではないだろうか。　A5判　108頁　660円（税込）
978-4-87645-664-2

比較文化研究ブックレット・既刊

No.21 インタラクション能力と評価
―英語での「話すこと(やり取り)」 根岸 純子

英語の先生に読んでほしい! 教員の視点からみた、日本人のインタラクションの特徴と、教室でのインタラクション活動・ディスカッション活動のススメ。

A5判 76頁 660円(税込)

978-4-87645-673-4